Die Jagd nach dem Schlarg

Michael Ende

Die Jagd nach dem Schlarg

Variationen zu Lewis Carrolls
gleichnamigem Nonsensgedicht

Edition Weitbrecht

Ende, Michael:
Die Jagd nach dem Schlarg: Variationen zu Lewis Carrolls gleichnamigem Nonsensgedicht / Michael Ende. – Stuttgart; Wien: Edition Weitbrecht, 1988
ISBN 3 522 70230 1

Der Abdruck der Partiturautographe auf Seite 76 und 77 erfolgte mit freundlicher Genehmigung des Komponisten Wilfried Hiller in München.

Umschlaggestaltung Zembsch' Werkstatt in München.
Gesetzt von der Utesch Satztechnik GmbH in Hamburg.
Reproduziert von der Repro GmbH in Kornwestheim.
Gedruckt und gebunden von Welsermühl in Wels.
Printed in Austria.
5 4 3 2 1

Inhalt

»Kinder sind es gewiß nicht, die Lewis Carrolls Worte lesen sollten. Sie sind weit besser damit beschäftigt, Sandkuchen zu backen. Carrolls Nonsens taugt eher für weise und ergraute Philosophen, die an ihm das dunkelste Problem der Metaphysik, das Niemandsland zwischen Vernunft und Unvernunft erforschen können, und jene rätselhafteste aller geistigen Fähigkeiten, den Humor, der ewiglich zwischen beiden tanzt. Daß wir an gewissen ellenlangen und tifteligen Erörterungen, an gewissen komplizierten und wunderlichen Redewendungen ohne den geringsten Sinn unser Vergnügen finden, ist kein Thema für kindliche Spiele – es ist ein Thema für Psychologen, um den Verstand darüber zu verlieren.«

Gilbert K. Chesterton

Vorwort zum Vorwort des Dichters

In den sechziger Jahren hat es in München einen Mann gegeben – er hieß Schniller, kann auch sein Schnüller, ich weiß nicht, was aus ihm geworden ist –, der hatte die seltsame Angewohnheit, in Büchern nur die Vor- und Nachworte zu lesen. Er las das Vorwort von Prof. Dr. Karl Völker zum *Gottesstaat* des Augustinus, er las das Vorwort von Kassebihr zum Briefwechsel Goethes mit Schiller, er las das Vorwort von G. Burgemeister zu der berühmten Ausgabe der gesammelten Radierungen Rembrandts, er las unzählige Vorworte von Adler, Redlich, Pfauenbuch, Ofenstrand, Knöpfli und Tütlingen zu den Eulenburg-Partituren der Symphonien von Haydn, Mozart und Beethoven, er las das Vorwort von Arnold Metzger zu den *Logischen Mustersendungen* von Husserl*), er las Hegels Vorwort zu der deutschen Ausgabe der Briefe Leibnitz', er las Leibnitz' Vorwort zur französischen Übersetzung der Werke Bacons, ein Fest für ihn war es, als er in einem Antiquariat eine längst vergriffene Ausgabe der gesammelten Vorworte Hofmannsthals fand, der ja bekanntlich ein gefürchteter Vorwort-Verfasser war, kaufte das Buch sofort, las aber darin nur das Nachwort von Professor Müller-Seidel.

»Unser Leben«, pflegte Schnüller (oder Schnülker, wie gesagt, ich kann mich auf die genaue Schreibweise seines Namens nicht mehr besinnen), »unser Leben ist eigentlich nur ein Vorwort – der Haupttext ist der Tod. Unser Leben ist ein *Präludium* unseres künftigen Daseins nach dem Tod – wie das so schön Ferruccio Busoni in seinem Vorwort zur Partitur-Ausgabe der symphonischen Dichtung *Les Préludes* von Liszt dargestellt hat. Und trotz-

*) Bei *Logische Mustersendungen* handelt es sich, wie der gebildete Leser sofort bemerkt haben wird, um einen Tippfehler im Manuskript. Es soll natürlich *Logische Untersuchungen* heißen. Verlag und Autor haben sich aber entschlossen, den Tippfehler stehen zu lassen, weil *Logische Mustersendungen* viel hübscher klingt.

dem liest kein Mensch die Vor- und Nachworte. *Ich* habe tausende in meinem Leben gelesen. Für die Texte hatte ich dann keine Zeit mehr. Trotzdem bin ich nicht draufgekommen, warum Vor- und Nachworte überhaupt gedruckt werden, wenn man weiß, daß sie – außer mir, aber das fällt ja nicht ins Gewicht – niemand liest.«

Wer meint, Vor- und Nachworte würden verfaßt und gedruckt, damit dem Leser Information über das Buch und den Autor vermittelt würde, um das Verständnis des Textes zu erleichtern, der macht sich die Sache zu einfach. Seit vielen Jahrzehnten ist es schon so, daß die Vorworte in aller Regel weit schwieriger sind als das daranhängende Buch, wobei ich als herausragendes Beispiel an T. S. Eliots Vorwort zu Joyce *Finnegan's Wake* denke; hier wird das Vorwort erst durch genaue Kenntnis des Textes verständlich. Oder das Vorwort zum Kursbuch der Bundesbahn.

Vor- und Nachworte sind etwas ganz anderes: Sie sind eine Art Rahmen, eine Höflichkeit gegenüber dem Leser. Man will nicht einfach mit der Tür ins Haus fallen, man will aber auch nicht dem Autor das letzte Wort lassen. Wenn schon kein Nachwort folgt, dann kommen wenigstens noch Verlagsanzeigen über andere Bücher des Autoren im selben Verlag, oder Bücher anderer Autoren – da sich Leser ja immer nur zögernd der Lektüre eines Buches nähern und jede Gelegenheit ergreifen, zunächst auf andere Unterhaltungen auszuweichen, lesen Leser zuallererst diese meist ansprechender als der Text gehaltenen Verlagshinweise, in denen in süffiger Art auf die Vorzüge eines weiteren Buches hingewiesen wird, und nicht selten schlägt der Leser (der ja noch gar nicht Leser war, jedenfalls nicht *dieses* Buches) sich an den Kopf und den Buchdeckel zu und kauft das andere Buch und liest dort die Verlagsanzeigen – dem Verlag ist es ohnehin wichtiger, daß Bücher gekauft, als daß sie gelesen werden.

Daß das Vor- und Nachwort nicht gelesen werden, ist außerdem auch experimentell erwiesen. Ein bedeutender deutscher Verlag hat einmal ein Buch herausgebracht (ein Sachbuch) und hat ein Vorwort vorausgestellt, das absolut nichts mit dem Text zu tun hatte. Jahrelang hat es kein Mensch gemerkt. Meinem Freund Schnülker (oder Sehnülker), dem heimtückischen Vorwortleser, ist es aufgefallen, womit der editorische Jux aufgeflogen war. (Es hat sich um das Vorwort zu Siegmund Freuds *Abriß der Psychoanalyse* gehandelt; das Vorwort stammt von Thomas Mann.)

Gewiefte Autoren – George Bernard Shaw gehört dazu, auch Jean Girandoux – haben, um fremden Einmischungen zuvorzukommen, zu manchen Werken eigene Vorworte geschrieben. Der Text von *Man and Superman* ist nur exakt ein Drittel so lang wie Shaws Vorwort dazu. Aber wenn Shaw gemeint hat, daß da die Leute das Vorwort lesen, weil es von ihm ist, hat er sich geschnitten. Das Vorwort kann sein, von wem es will, Leser finden es nicht (außer Sehnülker oder Seknülker, grad fällt mir ein, daß er möglicherweise Seknülken oder Geknülken geheißen haben könnte), und außerdem hindert ein eigenes Vorwort des Autors den Verlag nicht daran, von einem Professor oder irgendwem ein Vorvorwort schreiben zu lassen. Die entsprechende Ausgabe von *Man and Superman* sieht dann so aus:

1. Titelei;
2. Editorische Vorbemerkung des Herausgebers (John F. Hebberding C.F., N.L.L., Seite V–XVI);
3. Vorwort von Prof. Sidney L. Lewis, Oxford, (Seite XVIII–XLII);
4. Vorwort von G. B. Shaw (Seite 3–153);
5. Text des Buches (Seite 154–256);
6. Biographische Notizen zu G. B. Shaw (Seite 257);
7. Biographische Notizen zu John F. Hebberding (von Nikleby T. Troserorth, Seite 258–264);
8. Biographische Notizen zu Sidney L. Lewis (von Michael N. D. Suark, Seite 265–277);
9. Biographische Notizen zu Mikleby T. Troserorth (Seite 278–281);
10. Verlagsanzeigen (Seite 282–304).

Genülken (oder Genücken) hatte einen Fehldruck dieses Werkes in seinem Besitz, in dem einige Bogen fehlten, nämlich die Seiten 156 bis 256. Genücken (könnte auch sein, daß er Genocken geheißen hat, sein Vorname war Wolfram, da bin ich fast sicher) hat dazu gesagt: Man sieht daran, daß bei einem wirklich guten Buch die Lektüre des Vorwortes die der Texte überflüssig macht – dennoch werden Vorworte nicht gelesen, was (außer in dem eben erwähnten Extremfall, wo der eigentliche Text der kürzere Teil des Buches ist) erstaunt: quälen sich doch die Leute durch den Text, wo alles im Vorwort doch geistig – seelisch vorgekaut ist.

Dem Leser dieses Vorwortes – oder soll ich gleich sagen, da es ja wahrscheinlich nur *einen* geben wird: Lieber Wolfram Genocken (Genorkel?), wo immer Du Dich befindest und sofern Dir dieses Buch in die Hände fallen sollte, Dir wird nicht entgangen sein, daß dieses Vorwort bisher auch von allem anderen redet außer von Lewis Carroll, Michael Ende oder Wilfried Hiller (in alphabetischer Reihenfolge). Du hast recht, lieber Genorkel (auch wenn ich Deinen Namen falsch schreibe – Genofkle? –), aber erinnerst Du Dich an unser Gespräch im Café *Kulisse* in der Maximilianstraße an einem regnerischen Julitag des Jahres 1960, wo ich Dir entgegnete: Als Schreiber eines Vorwortes, das niemand lesen wird, räche ich mich an dem Verfasser des – wenn ich so sagen darf – Buchkernes, indem ich das, worüber ich schreiben soll, nicht zur Kenntnis nehme. Ich nehme alles auf der Welt zur Kenntnis, nur das nicht, was in dem Buch steht, wofür ich das Vorwort schreibe. *Das* nicht. Ich lasse mich von meinem gesunden Vorurteil leiten und theoretisiere so mehr allgemein vor mich hin. Je theoretischer etwas klingt, desto weniger kann es widerlegt werden. So stelle ich die These auf: Das Schlarg ist die symbolische Identifikation des *Eus* (im Sinne von *Duus Scotus,* das *Duus Eus* sozusagen) mit all der vorrevolutionären Bewußtseinsphase spätbürgerlicher Informationsidiome. Nun wirst Du mit Recht fragen, lieber Genofkel (oder hießest Du Genpfkel?), was eine symbolische Identifikation und was das *Eus* ist. Nun gut: symbolische Identifikation ist eine nachrevolutionäre Phasendeterminante gleichaugenblicklicher Seinsbedeutung (im Sinne Stuart Mills, kann auch sein Vibber Tøegesens); das *Eus* ist ein Druckfehler und sollte *eins* heißen. *Duus Scotus* fällt also in diesem Zusammenhang weg, was bedauerlich ist – mehr für Duus Scotus als für uns, aber das nur so nebenbei. Man könnte auch sagen – ich könnte alles sagen, lieber Geupfkel (?), denn außer Dir liest es ja keiner, und wir, Du und ich, sind uns ja einig – man könnte auch sagen: Das Schlarg ist das, was man nur findet, wenn man es nicht sucht, und wer das Schlarg sucht, zeigt, daß er sich davor fürchtet, es je zu finden, ja: daß er durch die *Suche* nach dem Schlarg förmlich eine unüberwindliche Schranke zwischen sich und dem Finden aufrichtet. Hast Du gesagt: »wohlweislich«? – lieber Meupfkel? Ach so – nein, Du hast ganz etwas anderes gesagt. Ich räume also an dieser Stelle ein, daß das alles hier gar nicht von mir stammt, sondern von Wolfram Meupftel, und zwar aus dem einzigen Werk, das er je verfaßt hat. Es heißt *Vorwort zu einem ungeschriebenen Buch.* Das Manuskript hat Teupftel – unvollendet – bei seiner (wegen Mietschulden) zwangsweisen Entfernung in seinem im übrigen fast leeren Untermieterzimmer zurückgelassen. Es ist unter dem Aktenzeichen *GV 70 221/81* beim Amtsgericht München asserviert, auf dem Aktendeckel stünde eigentlich Teupitels richtiger Name, aber leider ist beim Anlaß einer Namenstagsfeier in der Gerichtsvollzieherei an einem 28. Juni, hat man mir gesagt, Sekt, später Tinte (– ? – ! –) darüber geflossen. Aus dem Datum ist zu schließen, daß der betreffende Gerichtsvollzieher Irenäus geheißen hat.

Herbert Rosendorfer

Vorwort des Dichters

Wenn – und dies wäre mehr als möglich – jemals gegen den Verfasser dieser kurzen, aber ungemein lehrreichen Dichtung der Vorwurf erhoben würde, er habe reinen Unsinn geschrieben, so könnte sich dieser, davon bin ich zutiefst überzeugt, nur auf die folgende Zeile beziehen:

»Bisweilen verfing sich das Steuer im Bug;«

Im Hinblick auf diese peinliche Möglichkeit möchte ich nicht (wie ich wohl könnte) als Beweis meiner tiefverwurzelten Abneigung gegen derlei Verstöße auf meine übrigen Schriften verweisen; ich möchte auch nicht (wie ich ebenfalls könnte) die starken moralischen Werte dieser Dichtung selbst beleuchten, noch die arithmetischen Prinzipien dartun, welche ihr mit so unendlicher Sorgfalt einverwoben sind, noch gar die edlen Lehren der Naturwissenschaft erwähnen, die ihren Inhalt bilden – nein, ich ziehe es vor, auf nüchternste Art und Weise zu erklären, wie es zu besagter Zeile kam.

Der Büttel, welcher nahezu krankhaft empfindlich gegen allen äußeren Schein war, pflegte den Bug ein bis zweimal pro Woche abnehmen und neu lackieren zu lassen. Dabei geschah es allerdings regelmäßig, daß, wenn der Zeitpunkt zur Wiederanbringung herannahte, niemand an Bord sich zu erinnern vermochte, an welches Ende des Schiffes der Bug gehörte. Man wußte, daß es nicht im geringsten von Nutzen sein könnte, den Büttel dieserhalb zu befragen – er hätte sich lediglich auf seine Schiffahrtsordnung berufen und in pathetischem Tonfall die Vorschriften der Admiralität verlesen, welche zu begreifen – dies sei nur beiläufig vermerkt – noch keinem je gelungen war. So endete es für gewöhnlich damit, daß der fragliche Bug irgendwie quer über dem Steuerruder befestigt wurde. Der Steuermann*) pflegte mit tränenfeuchten Augen dabei zuzusehen. *Er* wußte, wie falsch dies alles war, aber ach! – Regel 42 der Schiffahrtsordnung, welche besagte: »*Es ist strengstens verboten mit dem Mann am Steuerruder zu sprechen*«, war vom Büttel selbst um die Worte »*und dem Mann am Steuerruder ist strengstens verboten mit irgend jemand zu sprechen*« erweitert worden. So war Einspruch unmöglich, und keinerlei Steuermanöver konnte ausgeführt werden, ehe nicht der nächste Lackierungstermin herangekommen war. Während dieser verwirrenden Zwischenzeiten segelte das Schiff gewöhnlich rückwärts.

In diesem Zusammenhang ergibt sich übrigens die günstigste Gelegenheit, die schwerverständlichen Wörter innerhalb dieser Dichtung zu erläutern. Goggel-Moggels Theorie von den zwei Bedeutungen, die in ein Schachtelwort gepackt werden können, erscheint mir in diesem Fall als zulängliche Erklärung. Nehmen wir beispielsweise die beiden Wörter »knurrend« und »gurgelnd«. Man stelle sich nun vor, man möchte beide gleichermaßen benützen, ist sich jedoch nicht recht schlüssig, welches zuerst. Nun öffne man beherzt den Mund und spreche! Neigt man, wenn auch nur minimal, in Gedanken mehr zu »knurrend«, so wird man »knurrend-gurgelnd« sagen. Zieht man jedoch, und sei es auch nur um Haaresbreite, »gurgelnd« vor, so wird ein »gurgelnd-knurrend« dabei herauskommen. Besitzt man hingegen jene seltenste aller Gaben, einen völlig ausgewogenen Geist, so wird man das Wort »knurgelnd« hervorbringen.

Unterstellen wir einmal, daß, als Pistol die bekannten Worte äußert:

»Sprich oder stirb, Bezonier – unter welchem König?«,

der Richter Schal mit Gewißheit nur sagen konnte, daß es entweder William oder Richard war, aber nicht

*) Jenes Amt wurde für gewöhnlich vom Boy übernommen, der sich auf diese Weise den unaufhörlichen Beschwerden des Bäckers, er habe dessen drei Paar Stiefel nicht ausreichend blank gewichst, entziehen konnte.

mit letzter Entschiedenheit, welcher der beiden nun. Er vermochte also keinen von beiden Namen vor dem anderen zu nennen. Es ist kaum zu bezweifeln, daß er, lieber als zu sterben, hervorgestoßen hätte: »Rilchiam!«

Lewis Carroll

Lewis Carroll

The Hunting of the Snark

mit Nachdichtung
von Michael Ende

Lewis Carroll

THE HUNTING OF THE SNARK

Agony in eight fits

Lewis Carroll

Die Jagd nach dem Schlarg

Kretinata in acht Krämpfen

Nachdichtung von Michael Ende

Fit the First

The Landing

»Just the place for a Snark!« the Bellman cried,
As he landed his crew with care;
Supporting each man on the top of the tide
By a finger entwined in his hair.

»Just the place for a Snark! I have said it twice:
That alone should encourage the crew.
Just the place for a Snark! I have said it thrice:
What I tell you three times is true.«

The crew was complete: it included a Boots –
A maker of Bonnets and Hoods –
A Barrister, brought to arrange their disputes –
And a Broker, to value their goods.

A Billiard-marker, whose skill was immense,
Might perhaps have won more than his share –
But a Banker, engaged at enormous expense,
Had the whole of their cash in his care.

There was also a Beaver, that paced on the deck,
Or would sit making lace in the bow:
And had often (the Bellman said) saved them from wreck
Though none of the sailors knew how.

There was one who was famed for the number of things
He forgot when he entered the ship:
His umbrella, his watch, all his jewels and rings,
And the clothes he had bought for the trip.

He had forty-two boxes, all carefully packed,
With his name painted clearly on each:
But, since he omitted to mention the fact,
They were all left behind on the beach.

Der erste Krampf

Die Landung

»Eine Stelle für Schlargs hier!« gab nach der Landung
seiner Mannschaft der Büttel bekannt.
Und er trug jeden einzelnen über die Brandung
am Haarschopf mit sorgsamer Hand.

»Eine Stelle für Schlargs! wiederhol ich jetzund.
Voller Mut möge drum eure Schar sein.
Eine Stelle für Schlargs! geb zum dritten ich kund.
Was ich dreimal behaupte, muß wahr sein!«

Es gehörte ein Boy (zur Besorgung von Sachen)
und ein Hutmacher zu den Gefährten,
ein Rechtsanwalt ferner (um Streit zu entfachen)
und ein Makler (zum Schätzen von Werten).

Ein Billard-Markör – dieser hätte wohl bald
die Gesellschaft um alles gebracht,
hätte nicht ein Bankier (für ein Riesengehalt)
ihrer aller Finanzen bewacht.

Da war auch ein Biber, der lief über Deck
oder klöppelt Spitzen aus Flandern.
Er habe verhindert (so hieß es) ein Leck,
bloß wieso, wußte keiner der andern.

Da war einer, berühmt für die Menge der Dinge,
die er gleich bei der Abfahrt vergessen:
Hut, Regenschirm, Uhr, Preziosen und Ringe
und die Kleider, die er besessen.

Auf den Kisten, und zwar zweiundvierzig an Zahl,
war zwar deutlich sein Name geschrieben,
doch leider – und das schien ihm mehr als fatal –
waren alle am Ufer geblieben.

The loss of his clothes hardly mattered, because
He had seven coats on when he came,
With three pair of boots – but the worst of it was,
He had wholly forgotten his name.

He would answer to »Hi!« or to any loud cry,
Such as »Fry me!« or »Fritter my wig!«
To »What-you-may-call-um!« or »What-was-his-name!«
But especially »Thing-um-a-jig!«

While, for those who preferred a more forcible word,
He had different names from these:
His intimate friend called him »Candle-ends«,
And his enemies »Toasted-cheese«.

»His form is ungainly – his intellect small –«
(So the Bellman would often remark) –
»But his courage is perfect! And that, after all,
Is the thing that one needs with a Snark.«

He would joke with hyænas, returning their stare
With an impudent wag of the head:
And he once went a walk, paw-in-paw, with bear,
»Just to keep up its spirits«, he said.

He came as a Baker: but owned, when too late –
And it drove the poor Bellman half-mad –
He could only bake Bride-cake – for which, I may state,
No materials were to be had.

The last of the crew needs especial remark,
Though he looked an incredible dunce:
He had just one idea – but, that one being »Snark«,
The good Bellman engaged him at once.

He came as a Butcher: but gravely declared,
When the ship had been sailing a week,
He could only kill Beavers. The Bellman looked scared,
And was almost too frightened to speak:

Der Verlust seiner Kleider betraf ihn nicht sehr –
er trug sieben Mäntel mit Schnallen
und drei Paar Stiefel – schlimm schien ihm vielmehr:
Wie er hieß, war ihm gänzlich entfallen!

Er hörte auf »Hei!« oder jeglichen Schrei,
so wie »Brat mir 'nen Storch!« und »Geschlums!«,
auf »Kamoppel!«, »Dastehter!«, sogar »Manometer!«,
doch besonders auf »Dingsda!« und »-bums!«

Und wollte wer stärkere Worte benutzen,
der gab noch ganz andre zum besten:
Seine Freunde nannten ihn »Kerzen-Butzen«,
seine Feinde gar »Käse-zum-Rösten«.

»Sein Benimm ist nicht fein – sein Verstand ziemlich klein«,
hörte öfter den Büttel man sagen,
»doch sein Mut ist vollkommen, und dieses allein
ist vonnöten, um Schlargs zu erjagen.«

Er spielte mit Wolf, mit Schakal und Coyote
und nickte dabei überheblich,
er tanzte mit Bären gar Pfote in Pfote,
um »in Form zu bleiben«, angeblich.

Er kam als ein Bäcker. Zu spät hat er hier
(was den Büttel sehr kränkte) gestanden,
er könne nur Brautkuchen backen, wofür
sich nirgendwo Zutaten fanden.

Der Letzte an Bord unterschied sich sehr stark
von den anderen: Er war völlig dumm.
Er hatte nur *eine* Idee, die hieß »Schlarg«,
doch der Büttel erwählte ihn drum.

Er kam als ein Metzger und klärte sie auf
(als das Schiff längst in See schon gestochen),
er schlachte nur Biber. Der Büttel hat drauf
vor Schreck lang kein Wort mehr gesprochen.

But at length he explained, in a tremulous tone,
  There was only one Beaver on board;
And that was a tame one he had of his own,
  Whose death would be deeply deplored.

The Beaver, who happened to hear the remark,
  Protested, with tears in its eyes,
That not even the rapture of hunting the Snark
  Could atone for that dismal surprise!

It strongly advised that the Butcher should be
  Conveyed in a separate ship:
But the Bellman declared that would never agree
  With the plans he had made for the trip:

Navigation was always a difficult art,
  Though with only one ship and one bell:
And he feared he must really decline, for his part,
  Undertaking another as well.

The Beaver's best course was, no doubt, to procure
  A second-hand dagger-proof coat –
So the Baker advised it – and next, to insure
  Its life in some Office of note:

This the Banker suggested, and offered for hire
  (On moderate terms), or for sale,
Two excellent Policies, one Against Fire
  And one Against Damage From Hail.

Yet still, ever after that sorrowful day,
  Whenever the Butcher was by,
The Beaver kept looking the opposite way,
  And appeared unaccountably shy.

Schließlich meinte er, wenn auch in bebendem Ton,
nur ein einziger Biber sei hier,
der sei zahm und er liebe ihn wie einen Sohn
und er hinge so sehr an dem Tier.

Dem Biber, der alles gehört, war es arg.
Er klagte mit Tränen im Auge,
daß nicht mal die Jagdleidenschaft für den Schlarg
ihm dafür als Entschuldigung tauge.

Er verlangte erbost, daß der Metzger allein
auf gesondertem Schiff fortan reiste,
doch der Büttel erklärte, es könne nicht sein,
daß man solcherart Luxus sich leiste.

Die Seefahrt sei ohnehin schwierig und böte
schon mit *einem* Schiff reichlich viel Plagen,
und er fürchte, er müsse, so leid es ihm täte,
ein zweites drum streng untersagen.

Auf des Bäckers Geheiß trug der Biber seit da
eine kugelsichere Weste.
Eine Lebensversicherung solle nur ja
er erwerben – und zwar gleich die beste!

So riet der Bankier, denn sie sei gar nicht teuer.
Und der Biber war bald im Besitz
einer schönen Police gegen Schaden durch Feuer
und einer für Hagel und Blitz.

Doch von da an – auch lange noch nach diesem Schreck –
wenn des Metzgers Schritte erklangen,
dann wandte der Biber den Blick von ihm weg
und wirkte unendlich befangen.

Fit the Second

The Bellman's Speech

The Bellman himself they all praised to the skies –
Such a carriage, such ease and such grace!
Such solemnity, too! One could see he was wise,
The moment one looked in his face!

He had bought a large map representing the sea,
Without the least vestige of land:
And the crew were much pleased when they found it to be
A map they could all understand.

»What's the good of Mercator's North Poles and Equators,
Tropics, Zones, and Meridian Lines?«
So the Bellman would cry: and the crew would reply
»They are merely conventional signs!

»Other maps are such shapes, with their islands and capes!
But we've got our brave Captain to thank«
(So the crew would protest) »that he's bought *us* the best –
A perfect and absolute blank!«

This was charming, no doubt: but they shortly found out
That the Captain they trusted so well
Had only one notion for crossing the ocean,
And that was to tingle his bell.

He was thoughtful and grave – but the orders he gave
Were enough to bewilder a crew.
When he cried »Steer to starboard, but keep her head larboard!
What on earth was the helmsman to do?

Then the bowsprit got mixed with the rudder sometimes
A thing, as the Bellman remarked,
That frequently happens in tropical climes,
When a vessel is, so to speak, »snarked«.

Der zweite Krampf

Des Büttels Rede

Den Büttel pries jeder auf jegliche Weise:
»Welche Haltung!« so sprach man entzückt.
»Welche Anmut und Würde! Man sieht, er ist weise,
sobald man sein Antlitz erblickt!«

Er besaß eine Karte, drauf war zwar das Meer,
doch kein Staubkörnchen Festland zu sehen.
Die Mannschaft war glücklich und lobte sie sehr,
denn *die* konnte jeder verstehen.

»Was nützen uns Nordpol, Passat, Äquatore,
Ekliptik und tropische Zonen?«
so fragte der Büttel. Sie riefen im Chore:
»Solche Zeichen sind bloß Konventionen!«

»Viele Karten sind voll mit Kap Horn und Atoll,
mit Inseln und Küsten und Eis,
doch dem Käpten sei Dank! Seine Karte ist blank:
Ein leeres vollkommenes Weiß!«

Das war zwar charmant, doch bald wurde bekannt,
daß ihr Käpten von all jenen Dingen
der Seefahrt nur eines alleine verstand,
und das war: seine Glocke zu schwingen.

Er war ernst und voll Seele – doch seine Befehle
konnten wahrlich Verwirrung entfachen.
Rief er: »Mast unter Deck! Aber backbord das Heck!«
Was sollte der Steuermann machen?

Bisweilen verfing sich das Steuer im Bug;
das kam, wie der Büttel bemerkte,
vom tropischen Klima, wo häufig genug
sich ein Schiff sozusagen »verschlärgte«.

But the principal failing in the sailing,
And the Bellman, perplexed and distressed,
Said he *had* hoped, at least, when the wind blew due East,
That the ship would *not* travel due West!

But the danger was past – they had landed at last,
With their boxes, portmanteaus, and bags:
Yet at first sight the crew were not pleased with the view
Which consisted of chasms and crags.

The Bellman perceived that their spirits were low,
And repeated in musical tone
Some jokes he had kept for a season of woe –
But the crew would do nothing but groan.

He served out some grog with a liberal hand,
And bade them sit down on the beach:
And they could not but own that their Captain looked grand,
As he stood and delivered his speech.

»Friends, Romans, and contrymen, lend me your ears!«
(They were all of them fond of quotations:
So they drank to his health, and they gave him three cheers,
While he served out additional rations).

»We have sailed many months, we have sailed many weeks,
(Four weeks to the month you may mark),
But never as yet ('tis your Captain who speaks)
Have we caught the least glimpse of a Snark!

»We have sailed many weeks, we have sailed many days,
(Seven days to the week I allow),
But a Snark, on the which we might lovingly gaze,
We have never beheld till now!

»Come, listen, my men, while I tell you again
The five unmistakable marks
By which you may know, wheresoever you go,
The warranted genuine Snarks.

Doch das Schlimmste geschah erst beim Segeln, und oft
sprach der Büttel (und raufte die Haare),
er habe bei Ostwind ganz sicher gehofft,
daß sein Schiff *nicht* nach Westen stets fahre!

Die Gefahr war gebannt, denn nun waren an Land
alle Mann, alle Koffer und Packen;
doch zunächst war die Mannschaft nicht froh, denn die Landschaft
bestand nur aus Felsen und Zacken.

Als der Büttel erkannt, daß der Mut ihnen schwand,
erzählte er sinnigerweise
ein paar von den Scherzen »für Zeiten der Schmerzen«,
doch die Mannschaft stöhnte nur leise.

Darauf schenkte er Grog, Brand- und anderen Wein aus.
»Nehmt Platz hier am Strand!« bat er jeden.
Und sie waren sich einig: Ihr Käpten sah fein aus,
wie er dastand und anfing zu reden:

»Freunde, Römer und Mitbürger, höret mich an!«
(Sie lobten, wie gut er zitierte.
»Hoch lebe der Käpten!« Man stieß auf ihn an,
worauf er noch mehr Grog spendierte.)

»Wir segelten Monate, segelten Wochen
(vier Wochen je Monat genommen),
doch niemals bis jetzt, wie ich anfangs versprochen,
ist ein Schlarg uns vor Augen gekommen.

»Und wir segelten Wochen und Tage, ihr Leute,
(sieben Tage pro Woche, mehr nicht!),
doch ein Schlarg, das zu seh'n uns so innig erfreute,
kam bis heute uns nicht zu Gesicht.

»Darum hört nun: Ich gebe noch einmal bekannt
seine Kennzeichen, fünf will ich nennen.
Dieses Wissen setzt den, der's beachtet, instand,
ein authentisches Schlarg zu erkennen.

»Let us take them in order. The first is the taste,
Which is meagre and hollow, but crisp:
Like a coat that is rather too tight in the waist,
With a flavour of Will-o'-the-Wisp.

»Its habit of getting up late you'll agree
That it carries too far, when I say
That it frequently breakfasts at five-o'clock tea,
And dines on the following day.

»The third is its slowness in taking a jest.
Should you happen to venture on one,
It will sigh like a thing that is deeply distressed:
And it always looks grave at a pun.

»The fourth is its fondness for bathing-machines,
Which it constantly carries about,
And believes that they add to the beauty of scenes –
A sentiment open to doubt.

»The fifth is ambition. It next will be right
To describe each particular batch:
Distinguishing those that have feathers, and bite,
From those that have whiskers, and scratch.

»For, although common Snarks do no manner of harm,
Yet I feel it my duty to say
Some are Boojums –« The Bellman broke off in alarm,
For the Baker had fainted away.

»Ich geh nach der Reihe vor: Erst der Geschmack.
Er ist flau, sogar fade, doch krustig
wie ein rings um die Taille zu enger Frack
mit Aroma von ›irrlichter-lustig‹.

»Ein Langschläfer ist es. Doch treibt's allgemein
die Sache zu weit, wie ich sage,
denn zum Nachmittagstee nimmt sein Frühstück es ein
und ißt Mittag am folgenden Tage.

»Punkt drei: Daß es Witze nur langsam versteht.
Wenn ihr jemals ihm einen erzählt,
wird es seufzen wie etwas, das leidet und fleht,
und bei Wortspielen blickt es gequält.

»Punkt vier: Seine Neigung zu Badekabinen.
Stets führt's welche mit sich. Es glaubt,
die Strandszenerie zu verschönen mit ihnen.
Eine Ansicht, die Zweifel erlaubt!

»Punkt fünf ist sein Ehrgeiz. Nun bleibt noch zum Schluß,
die verschiedenen Arten zu nennen;
denn von denen mit kratzenden Schnurrbärten muß
die mit Federn, die beißen, man trennen.

»Das gewöhnliche Schlarg ist von harmloser Sorte,
doch freilich, dies gilt nicht von allen:
Manch eins ist ein Buhmalm . . .« Beim Klang dieser Worte
war der Bäcker in Ohnmacht gefallen.

Fit the Third

The Baker's Tale

They roused him with muffins – they roused him with ice –
They roused him with mustard and cress –
They roused him with jam and judicious advice –
They set him conundrums to guess.

When at length he sat up and was able to speak,
His sad story he offered zu tell;
And the Bellman cried »Silence! Not even a shriek!«
And excitedly tingled his bell.

There was silence supreme! Not a shriek, not a scream,
Scarcely even a howl or a groan,
As the man they called »Ho!« told his story of woe
In an antediluvian tone.

»My father and mother were honest, though poor –«
»Skip all that!« cried the Bellman in haste.
»If it once becomes dark, there's no chance of a Snark –
We have hardly a minute to waste!«

»I skip forty years«, said the Baker in tears,
»And proceed without further remark
To the day when you took me aboard of your ship
To help you in hunting the Snark.

»A dear uncle of mine (after whom I was named)
Remarked, when I bade him farewell –«
»Oh, skip your dear uncle!« the Bellman exclaimed,
As he agrily tingled his bell.

»He remarked to me then«, said that mildest of men,
»›If your Snark be a Snark, that is right:
Fetch it home by all means – you may serve it with greens
And it's handy for striking a light.

Der dritte Krampf

Des Bäckers Bericht

Sie gaben ihm Semmeln und Himbeergelat,
sie gaben ihm Kuchen und Braten,
sie gaben Kompott und juristischen Rat,
sie gaben ihm Rätsel zu raten.

Als er schließlich (noch mühsam) zu stammeln begann,
bot er an, sein Geschick zu enthüllen.
Der Büttel rief »Ruhe!« und fing sogleich an,
mit der Glocke gewaltig zu schrillen.

Kein tieferes Schweigen vernahm man noch je,
kein Schluckauf, kein Pieps und kein Stöhnen,
als der Mann namens »He!« nun erzählte sein Weh
in neandertalerschen Tönen:

»Meine Mutter, mein Vater waren arm, aber ehrlich ...«
»Überspring's!« rief der Büttel gehetzt,
»Wenn es dunkel wird, finden das Schlarg wir wohl schwerlich,
darum nur keine Abschweifung jetzt!«

»Vierzig Jahr' überspring ich und fahre gleich fort«,
sprach der Bäcker betrübt, doch ergeben,
»mit dem Tag, da zur Mannschaft ich kam hier an Bord,
um die Jagd nach dem Schlarg zu erleben.

»Mein herzliebster Onkel, nach dem man mich taufte,
verriet mir beim Abschied zum Trost ...«
»Überspring auch den Onkel!« Der Büttel, er schnaufte
und schwang seine Glocke erbost.

»Er erklärte mir dann: –« sprach voll Sanftmut der Mann,
»›Solltest wirklich ein Schlarg du einst finden,
bring's auf jeden Fall heim! Gib ihm Haferkornschleim!
Denn es dient dir, um Licht zu entzünden.

»›You may seek it with thimbles – and seek it with care
You may hunt it with forks and hope;
You may threaten its life with a railway-share;
You may charm it with smiles and soap –‹«

(»That's exactly the method«, the Bellman bold
In a hasty parenthesis cried,
»That's exactly the way I have always been told
That the capture of Snarks should be tried!«)

»›But oh, beamish nephew, beware of the day,
If your Snark be a Boojum! For then
You will softly and suddenly vanish away,
And never be met with again!‹

»It is this, it is this that oppresses my soul,
When I think of my uncle's last words:
And my heart is like nothing so much as a bowl
Brimming over with quivering curds!

»It is this, it is this –« »We have had that before!«
The Bellman indignantly said.
And the Baker replied »Let me say it once more.
It is this, it is this that I dread!

»I engage with the Snark – every night after dark –
In a dreamy delirious fight:
I serve it with greens in those shadowy scenes,
And I use it for striking a light:

»But if ever I meet with a Boojum, that day,
In a moment (of this I am sure),
I shall softly and suddenly vanish away –
And the notion I cannot endure!«

»›Darum jag es mit Gabeln und Hoffnung zumal,
auch mit Güte und Fingerhüten,
bedroh es mit Eisenbahnaktien brutal
und lock es mit Lächeln in Tüten!‹«

(»Das *ist* die Methode!« so schrie ganz erfreut
der Büttel nun hastig dazwischen.
»Stimmt genau! Denn nur so – sagt die Wissenschaft heut –
»geht man vor, um das Schlarg zu erwischen!«)

»›Aber Glitz-Neffe, weh! Denn ergibt es sich je,
daß dein Schlarg sich als Buhmalm erweist,
bist du binnen Sekunden und lautlos verschwunden –
und nichts bleibt, wer auch immer du seist!‹

»Es ist dies, es ist dies! Es zerbricht mir den Kopf,
dies vom Onkel erwähnte Verhängnis!
Und mein Herz ist nicht mehr als ein brodelnder Topf,
welcher überläuft, schäumend vor Bängnis!

»Es ist dies, es ist dies ...!« – Ach, das hatten wir doch!«
unterbrummte der Büttel versteckt,
doch der Bäcker rief: »Einmal nur laßt es mich noch!
Es ist dies, es ist dies, was mich schreckt!

»Ich begegne dem Schlarg alle Nächte im Kampf
in traumhaften, finsteren Gründen,
und ich gebe ihm Schleim, und in fieberndem Krampf
benütz ich's, um Licht zu entzünden.

»Doch weiß ich nun eben: Käme jemals im Leben
ein Buhmalm mir einst zu Gesicht,
wär' ich binnen Sekunden und lautlos verschwunden!
Dieses Wissen ertrage ich nicht!«

Fit the Fourth

The Hunting

The Bellman looked uffish, and wrinkled his brow.
»If only you'd spoken before!
It's excessively awkward to mention it now,
With the Snark, so to speak, at the door!

»We should all of us grieve, as you well may believe,
If you never were met with again –
But surely, my man, when the voyage began,
You might have suggested it then?

»It's excessively awkward to mention it now –
As I think I've already remarked.«
And the man they called »Hi!« replied, with a sigh,
»I informed you the day we embarked.

»You may charge me with murder – or want of sense –
(We are all of us weak at times):
But the slightest approach to a false pretence
Was never among my crimes!

»I said it in Hebrew – I said it in Dutch –
I said it in German and Greek:
But I wholly forgot (and it vexes me much)
That English is what you speak!«

»'Tis a pitiful tale«, said the Bellman, whose face
Had grown longer at every word:
»But, now that you've stated the whole of your case,
More debate would be simply absurd.

»The rest of my speech« (he exclaimed to his men)
»You shall hear when I've leisure to speak it.
But the Snark is at hand, let me tell you again!
'Tis your glorious duty to seek it!

Der vierte Krampf

Die Jagd

Der Büttel stand brotz mit gerunzelten Brauen.
»Ach, konntest du früher nicht schnacken?
Jetzt kann uns dies Wissen wohl schwerlich erbauen
mit dem Schlarg sozusagen im Nacken!

»Denn keiner der Herrn hätt' es sonderlich gern,
wenn er plötzlich sich vollständig fehlt.
Aber sage mir, Mann, als die Reise begann,
warum hast du *da* nichts erzählt?

»Man ist ehrlich entsetzt, wenn man derlei erst jetzt,
wie ich eben schon sagte, erfährt!«
Und der Mann namens »Hei!« sagte seufzend: »Verzeih,
ich hab's vor der Abfahrt erklärt!

»Verklagt mich auf Totschlag, auf Schizophrenie
(denn jedermann hat seine Schwächen),
doch auf Vorspieglung unwahrer Tatsachen nie!
Die gehört nicht zu meinen Verbrechen.

»Ich sprach auf hebräisch und griechisch, sogar
Suaheli, Sanskrit und Latein,
doch leider vergaß ich, verwirrt wie ich war:
Ihr versteht ja wohl deutsch nur allein.«

»Sehr bedauerlich!« sagte der Büttel beklommen
und machte ein langes Gesicht,
»aber nun, da wir deine Geschichte vernommen,
bedarf's weitrer Reden wohl nicht.

»Den Rest meiner Ansprache«, fuhr er dann fort,
»werd zu besserer Zeit ich verkünden.
Denn nah ist das Schlarg! Darum hört nun mein Wort:
Eure glorreiche Pflicht heißt: Es finden!

»To seek it with thimbles, to seek it with care;
To pursue it with forks and hope;
To threaten its life with a railway-share;
To charm it with smiles and soap!

»For the Snark's a peculiar creature, that won't
Be caught in a commonplace way.
Do all that you know, and try all that you don't:
Not a chance must be wasted to-day!

»For England expects – I forbear to proceed:
'Tis a maxim tremendous, but trite:
And you'd best be unpacking the things that you need
To rig yourselves out for the fight.«

Then the Banker endorsed a blank cheque (which he crossed),
And changed his loose silver for notes:
The Baker with care combed his whiskers and hair.
And shook the dust out of his coats:

The Boots and the Broker were sharpening a spade –
Each working the grindstone in turn:
But the Beaver went on making lace, and displayed
No interest in the concern:

Though the Barrister tried to appeal to its pride,
And vainly proceeded to cite
A number of cases, in which making laces
Had been proved an infringement of right.

The maker of Bonnets ferociously planned
A novel arrangement of bows:
While the Billiard-marker with quivering hand
Was chalking the tip of his nose.

But the Butcher turned nervous, and dressed himself fine,
With yellow kid gloves and a ruff –
Said he felt it exactly like going to dine,
Which the Bellman declared was all »stuff«.

»Darum jagt es mit Gabeln und Hoffnung zumal,
auch mit Güte und Fingerhüten,
bedroht es mit Eisenbahnaktien brutal
und lockt es mit Lächeln in Tüten!

»Denn das Schlarg ist ein Wesen, vertrackt und verrucht,
auf gewöhnliche Art nicht zu fassen!
Darum tut, was ihr könnt! Was ihr nicht könnt – versucht!
Denn wir dürfen heut nichts unterlassen!

»Ich kenne nun keine Parteien mehr...!
Nein, der Satz klingt gewaltig, doch schlecht.
Darum packt lieber aus! Holt die Sachen nun her
und rüstet euch gleich zum Gefecht!«

Da schrieb der Bankier einen Scheck aus (auf bar)
und wechselte Kleingeld in Scheine.
Der Bäcker frisierte sich Schnurrbart und Haar
und entstaubte die Hosenbeine.

Mit dem Schleifstein schärften Makler und Boy
in wechselnder Schicht einen Spaten.
Nur der Biber fuhr fort mit dem Klöppeln, als sei
ihm egal, was die anderen taten.

Der Rechtsanwalt rief drum sein Ehrgefühl an,
doch vergeblich. Worauf er zitierte,
wie oft schon das Klöppeln so manch einen Mann
zu erwiesenen Rechtsbrüchen führte.

Der Hutmacher schlang gleich ein modisches Band
zur Schleife, vor Schaffensdrang heiß.
Der Billard-Markör strich mit bebender Hand
und mit Kreide die Nase sich weiß.

Der Metzger, der bang zu versichern begann,
er müsse zur Abendtafel,
zog eigelbe Handschuh und Halskrausen an.
Das sei, sprach der Büttel, Geschwafel!

»Introduce me, now there's a good fellow«, he said,
»If we happen to meet it together!«
And the Bellman, sagaciously nodding his head,
Said »That must depend on the weather.«

The Beaver went simply galumphing about,
At seeing the Butcher so shy:
And even the Baker, though stupid and stout,
Made an effort to wink with one eye.

»Be a man!« cried the Bellman in wrath, as he heard
The Butcher beginning to sob.
»Should we meet with a Jubjub, that desperate bird,
We shall need all our strength for the job!«

»Ich bitte dich, stell mich ihm vor, wie sich's schickt.
  Vielleicht ist es dann zu mir netter.«
Der Büttel hat darauf nur spöttisch genickt
  und geantwortet: »Je nach dem Wetter.«

Der Biber jedoch galumphierte vor Glück,
  den Metzger so kleinlaut zu sehen.
Selbst der törichte Bäcker mit Zwinkern im Blick
  gab vor, das Gescheh'n zu verstehen.

»Sei ein Mann!« rief der Büttel, vom Zorne entflammt,
  als der Metzger noch anfing zu weinen,
»denn falls uns ein Juckjuck begegnet, verdammt,
  müssen all unsre Kraft wir vereinen!«

Fit the Fifth

The Beaver's Lesson

They sought it with thimbles, they sought it with care;
  They pursued it with forks and hope;
They threatened its life with a railway-share;
  They charmed it with smiles and soap.

Then the Butcher contrived an igenious plan
  For making a separate sally;
And had fixed on a spot unfrequented by man,
  A dismal and desolate valley.

But the very same plan to the Beaver occurred:
  It had chosen the very same place:
Yet neither betrayed, by a sign or a word,
  The disgust that appeared in his face.

Each thought he was thinking of nothing but »Snark«
  And the glorious work of the day;
And each tried to pretend that he did not remark
  That the other was going that way.

But the valley grew narrow and narrower still,
  And the evening got darker and colder,
Till (merely from nervousness, not from good will)
  They marched along shoulder to shoulder.

Then a scream, shrill and high, rent the shuddering sky
  And they knew that some danger was near:
The Beaver turned pale to the tip of its tail,
  And even the Butcher felt queer.

He thought of his childhood, left far behind –
  That blissful and innocent state –
The sound so exactly recalled to his mind
  A pencil that squeaks on a slate!

Der fünfte Krampf

DES BIBERS LEKTION

Sie jagten's mit Gabeln und Hoffnung zumal,
auch mit Güte und Fingerhüten,
sie bedrohten's mit Eisenbahnaktien brutal
und lockten's mit Lächeln in Tüten.

Der Metzger ersann den genialischen Plan,
allein einen Spähtrupp zu bilden.
Einer schaurigen Stelle beschloß er zu nah'n,
einer Schlucht in verlass'nen Gefilden.

Mit genau diesem Plan an genau diesen Ort
war der Biber entschlossen zu wandern.
Aber keiner der zwei, nicht durch Zeichen noch Wort,
verriet seinen Abscheu dem andern.

Jeder tat so, als plane er ruhmreiche Werke
und dächte ans Schlarg nur deswegen.
Und jeder versuchte zu tun, als bemerke
Er gar nichts vom Tun des Kollegen.

Und die Dämmerung senkte sich dunkel und kühl
und die Schlucht führte eng in die Tiefen,
bis die zwei (mehr aus Angst als Gemeinschaftsgefühl)
schließlich Schulter an Schulter nun liefen.

Da riß plötzlich ein Schrei grell den Himmel entzwei
und sie wußten nun: höchste Gefahr!
Totenbleich bis zum Schwanz war der Biber schon ganz,
und dem Metzger stand aufwärts das Haar.

Sie gedachten der Kindheit, so fern und voll Glück,
jener holden, unschuldigen Zeiten,
denn der Klang rief den zwein ins Gedächtnis zurück,
wie auf Schiefer die Griffel oft gleiten.

»'Tis the voice of the Jubjub!« he suddenly cried.
(This man, that they used to call »Dunce«.)
»As the Bellman would tell you«, he added with pride,
»I have uttered that sentiment once.

»'Tis the note of the Jubjub! Keep count, I entreat.
You will find I have told it you twice.
'Tis the song of the Jubjub! The proof is complete.
If only I've stated it thrice.«

The Beaver had counted with scrupulous care,
Attending to every word:
But it fairly lost heart, and outgrabe in despair,
When the third repetition occurred.

It felt that, in spite of all possible pains,
It had somehow contrived to lose count,
And the only thing now was to rack its poor brains
By reckoning up the amount.

»Two added to one – if that could but be done«,
It said, »with one's fingers and thumbs!«
Recollecting with tears how, in earlier years,
It had taken no pains with its sums.

»The thing can be done«, said the Butcher, »I think
The thing must be done, I am sure.
The thing shall be done! Bring me paper and ink,
The best there is time to procure.«

The Beaver brought paper, portfolio, pens,
And ink in unfailing supplies:
While strange creepy creatures came out of their dens,
And watched them with wondering eyes.

So engrossed was the Butcher, he heeded them not,
As he wrote with a pen in each hand,
And explained all the while in a popular style
Which the Beaver could well understand.

»Die Stimme des Juckjuck!« so ließ sich nun hören
der Mann, den die andern verlacht.
»Der Büttel tät sagen, das möcht ich beschwören:
Zum ersten Mal sag ich's, gib acht!

»Der Ton eines Juckjuck! Zähl mit, denn ich weiß,
es macht zwei, wenn man eins zweimal nimmt.
Das Lied eines Juckjuck! Das ist der Beweis –
falls der Spruch mit dem dritten Mal stimmt.«

Der Biber hatte mit Sorgfalt gezählt
und eins mit eins malgenommen,
doch beim dritten Mal keuchhustöhnoß er gequält,
denn er war aus der Reihe gekommen.

Er fühlte, daß trotz aller Mühe und Qual
er irgendwie irre gegangen.
Es blieb ihm nichts übrig, er mußte nochmal
die Rechnung von vorne anfangen.

»Zwei und eins«, sagte er, »falls das geht, wie du meinst,
dann nur mit den Daumen und Fingern.«
Und er dachte mit Tränen: Wie gut war ich einst
im Rechnen und all solchen Dingern.

»Die Sache wird geh'n«, sprach der Metzger, »bestimmt!
Die Sache geht sicher, ich weiß!
Die Sache muß geh'n, wenn man Zeit nur sich nimmt,
dazu Tinte, Papier sowie Fleiß.«

Der Biber brachte nun Federn, Papier
und Tinte in riesiger Menge ...
Aus dem Fels krochen seltsame Wesen herfür,
ein glotzendes, grauses Gedränge.

Der Metzger bemerkte es nicht, denn er schrieb,
eine Feder in jeder Hand.
Er erklärte den Fall so geduldig und lieb,
daß der Biber sogar ihn verstand:

»Taking Three as the subject to reason about –
A convenient number to state –
We add Seven, and Ten, and then multiply out
By One Thousand diminished by Eight.

»The result we proceed to divide, as you see,
By Nine Hundred and Ninety and Two:
Then subtract Seventeen, and the answer must be
Exactly and perfectly true.

»The method employed I would gladly explain,
While I have it so clear in my head,
If I had but the time and you had but the brain –
But much yet remains to be said.

»In one moment I've seen what has hitherto been
Enveloped in absolute mystery,
And without extra charge I will give you at large
A Lesson in Natural History.«

In his genial way he proceeded to say
(Forgetting all laws of propriety,
And that giving instruction, without introduction,
Would have caused quite a thrill in Society),

»As to temper the Jubjub's a desperate bird.
Since it lives in perpetual passion:
Its taste in costume is entirely absurd –
It is ages ahead of the fashion:

»But it knows any friend it has met once before:
It never will look at a bribe:
And in charity-meetings it stands at the door,
And collects – though it does not subscribe.

»Its flavour when cooked is more exquisite far
Than mutton, or oysters, or eggs:
(Some think it keeps best in an ivory jar,
And some, in mahogany kegs:)

»Nimm drei (als die Sache, um die's uns zu tun)
 – eine Zahl, die sich immer gut macht –
füge siebzehn hinzu und vervielfache nun
 mit eintausend weniger acht!

»Die Zahl, die herauskommt, die teilen wir jetzt
 durch neunhundertneunzig plus zwei.
Ziehe siebzehn nun ab! Es ergibt sich zuletzt
 die zwingende Wahrheit dabei!

»Die benützte Methode liegt klar auf der Hand,
 und ich würde sie gerne dich lehren,
hätte *ich* nur mehr Zeit, hättest *du* mehr Verstand –
 doch es bleibt noch so viel zu erklären:

»Durch Erkenntnisblitz bin ich nun im Besitz
 von geheimnisumwitterter Kunde,
darum gebe ich dir – ohne Extragebühr –
 zoologische Nachhilfestunde!«

Sein genialischer Sinn riß ihn selbst völlig hin
 (er vergaß sein Gefühl für's Korrekte:
Dem, der Titel entbehrt, sei das Lehren verwehrt,
 weil er sonst die Gesellschaft erschreckte):

»Dieses Juckjuck«, begann er, »ist außer sich meist,
 auf das Höchste erregt und verwundert.
Sein Geschmack betreffs Kleidung entspricht, wie es heißt,
 stets der Mode vom nächsten Jahrhundert.

Es erkennt jeden Freund, den es vormals gekannt,
 doch kein Geld und kein Lobspruch besticht's
Für Wohltätigkeit zeigt es offene Hand:
 Es geht sammeln – doch gibt selber nichts.

»Gekocht hat's den feinsten Geschmack, einen bessern
 als Lamm oder Austern und Schnepfen.
Man bewahrt es am besten in Elfenbeinfässern,
 andre sagen, in Ebenholztöpfen.

»You boil it in sawdust: you salt it in glue:
You condense it with locusts and tape:
Still keeping one principal object in view –
To preserve its symmetrical shape.«

The Butcher would gladly have talked till next day,
But he felt that the Lesson must end,
And he wept with delight in attempting to say
He considered the Beaver his friend:

While the Beaver confessed, with affectionate looks
More eloquent even than tears,
It had learned in ten minutes far more than all books
Would have taught it in seventy years.

They returned hand-in-hand, and the Bellman, unmanned
(For a moment) with noble emotion,
Said »This amply repays all the wearisome days
We have spent on the billowy ocean!«

Such frieds, as the Beaver and Butcher became,
Have seldom if ever been known;
In winter or summer, 'twas always the same –
You could never meet either alone.

And when quarrels arose – as one frequently finds
Quarrels will, spite of every endeavour –
The song of the Jubjub recurred to their minds,
And cemented their friendship for ever!

»Man kocht es in Sägemehl, beizt es in Lauge,
dickt es ein nach dem Heuschreck-Verfahren,
doch als Hauptsache halte man ständig im Auge,
sein symmetrisches Ausseh'n zu wahren.«

Und der Metzger fuhr fort in der nächtlichen Lehre
und schloß erst im Morgenschimmer;
dann rief er mit Freudentränen, er wäre
des Bibers Freund nun für immer.

Und der Biber bekannte mit zärtlichen Blicken
(beredter als Tränen sogar):
»Du lehrtest mich mehr in zwei Augenblicken
als Bücher in manch einem Jahr.«

Als der Büttel erkannt, daß die zwei Hand in Hand
zurückkamen, sprach er ergriffen:
»Dies allein, muß ich sagen, wiegt auf alle Plagen,
auf tobenden Meeren zu schiffen!«

Solche Freunde, wie Biber und Metzger nun waren,
sind selten (und werden's stets sein):
Ob Winter, ob Sommer, in Glück und Gefahren,
nie traf man nur einen allein.

Und brach dennoch Streit aus – das kommt schon mal vor,
man streitet und weiß nicht den Grund –
klang des Juckjucks Gesang ihnen wieder im Ohr
und schweißte von neuem den Bund.

Fit the Sixth

THE BARRISTER'S DREAM

They sought it with thimbles, they sought it with care;
They pursued it with forks and hope;
They threatened its life with a railway-share;
They charmed it with smiles and soap.

But the Barrister, weary of proving in vain
That the Beaver's lace-making was wrong,
Fell asleep, and in dreams saw the creature quite plain
That his fancy had dwelt on so long.

He dreamed that he stood in a shadowy Court,
Where the Snark, with a glass in its eye,
Dressed in gown, bands, and wig, was defending a pig
On the charge of deserting its sty.

The Witnesses proved, without error or flaw,
That the sty was deserted when found:
And the Judge kept explaining the state of the law
In a soft under-current of sound.

The indictment had never been clearly expressed,
And it seemed that the Snark had begun,
And had spoken three hours, before any one guessed
What the pig was supposed to have done.

The Jury had each formed a different view
(Long before the indictment was read),
And they all spoke at once, so that none of them knew
One word that the others had said.

»You must know –« said the Judge: but the Snark exclaimed »Fudge!«
That statute is obsolete quite!
Let me tell you, my friends, the whole question depends
On an ancient manorial right.

Der sechste Krampf

Des Rechtsanwalts Traum

Sie jagten's mit Gabeln und Hoffnung zumal,
auch mit Güte und Fingerhüten,
sie bedrohten's mit Eisenbahnaktien brutal
und lockten's mit Lächeln in Tüten.

Und der Rechtsanwalt, müde der vielen Beweise,
daß Biber sich klöppelnd vergingen,
fiel in Schlaf, und er träumte in deutlichster Weise
von heimlich ersehnten Dingen:

Die Gerichtsaula sah er in dämmerndem Schein
und das Schlarg in Perücke und Roben.
Es verteidigte, glänzend beredsam, ein Schwein,
inhaftiert wegen Flucht aus dem Koben.

Die Zeugen bewiesen, daß ganz ohne Frage
kein Schwein war am fraglichen Orte.
Und der Richter erklärte die rechtliche Lage
durch Murmeln undeutlicher Worte.

Eine Anklage wurde nicht vorgebracht;
das Schlarg sprach schon Stunden um Stunden,
doch niemand erriet, unter welchem Verdacht
das verhaftete Schwein sich befunden.

Die Schöffen war'n uneins, sie stritten erheblich
(schon lang, eh sie wußten worüber),
und jeder belehrte den andern – vergeblich:
Der hörte sich selber viel lieber.

Sprach der Richter: »Ich muß ...«, schrie das Schlarg: »So ein Stuß!
Das Gesetz ist schon lange veraltet!
Doch da seht ihr nun, Leute, das Recht wird noch heute
von Großgrundbesitzern gestaltet!

»In the matter of Treason the pig would appear
To have aided, but scarcely abetted:
While the charge of Insolvency fails, it is clear,
If you grant the plea ›never indebted‹.

»The fact of Desertion I will not dispute:
But its guilt, as I trust, is removed
(So far as relates to the costs of this suit)
By the Alibi which has been proved.

»My poor client's fate now depends on your votes.«
Here the speaker sat down in his place,
And directed the Judge to refer to his notes
And briefly to sum up the case.

But the Judge said he never had summed up before;
So the Snark undertook it instead,
And summed it so well that it came to far more
Than the Witnesses ever had said!

When the verdict was called for, the Jury declined,
As the word was so puzzling to spell;
But they ventured to hope that the Snark wouldn't mind
Untertaking that duty as well.

So the Snark found the verdict, although, as it owned,
It was spent with the toils of the day:
When it said the word »GUILTY!« the Jury all groaned
And some of them fainted away.

Then the Snark pronounced sentence, the Judge being quite
Too nervous to utter a word:
When it rose to its feet, there was silence like night,
And the fall of a pin might be heard.

»Transportation for life« was the sentence it gave,
»And *then* to be fined forty pound.«
The Jury all cheered, though the Judge said he feared
That the phrase was not legally sound.

»Was das Schwein nämlich tat, gilt im Fall von Verrat
 nur als Beihilfe – Anstiftung nicht!
Der Konkursfall entfällt, denn es hatte nie Geld!
 Das erkennt wohl selbst dieses Gericht!

»Da auch Fahnenflucht fehlt in der Anklageschrift,
 ist ein Schuldspruch zurückzuweisen
(sofern er die Kosten für Kleidung betrifft),
 denn sein Alibi scheint mir von Eisen.

»Euer Votum entscheide des Schweines Geschick!«
 schloß das Schlarg, um sich niederzulassen
und vom Richter zu fordern (mit eisigem Blick)
 Den Casus zusammenzufassen.

»Zusammengefaßt hab ich niemals bisher«,
 sprach der Richter. Das Schlarg übernahm es,
und zwar so umfassend und tief – auf weit mehr,
 als die Zeugen gesagt hatten, kam es.

Beim Urteil dann plagte die Jury sich arg,
 das Wörtchen zu buchstabieren.
Und auch diese Arbeit erbot sich das Schlarg,
 stellvertretend für sie auszuführen.

Also fällte es selber das Urteil, obgleich
 es erschöpft war vom Tagwerk wie nie.
Es sprach das Wort: SCHULDIG! – Die Jury ward bleich,
 ein paar Schöffen sanken ins Knie.

Dann verhängte das Schlarg auch die Strafe zuletzt,
 denn der Richter schwieg völlig verstört.
Als es aufstand, war Stille im Saale – du hätt'st
 eine Nadel wohl fallen gehört.

»Lebenslange Verbannung!« verkündete es,
 »und hundert Mark Buße – danach!«
Die Geschworenen jauchzten. Der Richter indess
 fand den Spruch rein formal etwas schwach.

But their wild exultation was suddenly checked
   When the jailer informed them, with tears,
Such a sentence would have not the slightest effect,
   As the pig had been dead for some years.

The Judge left the Court, looking deeply disgusted
   But the Snark, though a little aghast,
As the lawyer to whom the defence was intrusted,
   Went bellowing on to the last.

Thus the Barrister dreamed, while the bellowing seemed
   To grow every moment more clear:
Till he woke to the knell of a furious bell,
   Which the Bellman rang close at his ear.

Doch die Freude war kurz, denn man mußte voll Schreck
vom Zuchthausdirektor erfahren,
die Sentenz habe keinerlei Wirkung und Zweck,
denn das Schwein wäre tot – schon seit Jahren.

Der Richter enteilte, die Zuhörer rannten,
nur das Schlarg, wenn auch etwas beleidigt,
hat noch lange die Unschuld des armen Mandanten
durch Zetern und Brüllen verteidigt.

Doch zum Schluß der Vision schwoll zum Dröhnen der Ton,
bis der Rechtsanwalt auffuhr vom Klang
und begriff, daß der Büttel mit wildem Geschüttel
die Glocke, die Schreckliche, schwang.

Fit the Seventh

The Banker's Fate

They sought it with thimbles, they sought it with care;
  They pursued it with forks and hope;
They threatened its life with a railway-share;
  They charmed it with smiles and soap.

And the Banker, inspired with a courage so new
  It was matter for general remark,
Rushed madly ahead and was lost to their view
  In his zeal to discover the Snark.

But while he was seeking with thimbles and care,
  A Bandersnatch swiftly drew nigh
And grabbed at the Banker, who shrieked in despair,
  For he knew it was useless to fly.

He offered large discount – he offered a cheque
  (Drawn »to bearer«) for seven-pounds-ten:
But the Bandersnatch merely extended its neck
  And grabbed at the Banker again.

Without rest or pause – while those frumious jaws
  Went savagely snapping around –
He skipped and he hopped, and he floundered and flopped,
  Till fainting he fell to the ground.

The Bandersnatch fled as the others appeared
  Led on by that fear-stricken yell:
And the Bellman remarked »It is just as I feared!«
  And solemnly tolled on his bell.

He was black in the face, and they scarcely could trace
  The least likeness to what he had been:
While so great was his fright that his waistcoat turned white –
  A wonderful thing to be seen!

Der siebente Krampf

Des Bankiers Verhängnis

Sie jagten's mit Gabeln und Hoffnung zumal,
auch mit Güte und Fingerhüten,
sie bedrohten's mit Eisenbahnaktien brutal
und lockten's mit Lächeln in Tüten.

Der Bankier, von ganz plötzlicher Kühnheit entbrannt
und entschlossen, das Schlarg zu erbeuten,
war auf einmal wie toll in die Gegend gerannt
und entschwand seinen staunenden Leuten.

Und während er suchte mit Güte und Gabel,
schoß ein Bullerschnapp nieder auf ihn
und hackte den Mann, der den schrecklichen Schnabel
vergeblich versuchte zu flieh'n.

Er bot ihm Diskont an, sodann jede Menge
von Pfandbriefen, Aktien, Effekten …
Das Bullerschnapp zog nur den Hals in die Länge
und hackte erneut den Erschreckten.

Ohne Rast, ohne Ruh – während knurgelnd dazu
jenes giere Gebiß um ihn schnappte –
entsprang und entschlüpfte er, tanzte und hüpfte er,
bis er schließlich zusammenklappte.

Das Bullerschnapp floh, als die anderen nahten,
geführt von dem Schreien und Klagen.
Und der Büttel bemerkte: »Das war zu erraten!«
und läutete ernst und getragen.

Er war schwarz im Gesicht, sie erkannten fast nicht
den vom Schrecken verfärbten Bankier.
Nur ein Wunder allein konnte folgendes sein:
Seine Weste war weiß wie der Schnee!

To the horror of all who were present that day,
   He uprose in full evening dress,
And with senseless grimaces endeavoured to say
   What his tongue could no longer express.

Down he sank in a chair – ran his hands through his hair –
   And chanted in mimsiest tones
Words whose utter inanity proved his insanity,
   While he rattled a couple of bones.

»Leave him here to his fate – it is getting so late!«
   The Bellman exclaimed in a fright.
›We have lost half the day. Any further delay,
   And we sha'n't catch a Snark before night!«

Was nun kam, war zuviel: Zum Entsetzen von allen
stand er auf (jetzt im Festtagsgewand),
und mit irren Grimassen begann er zu lallen,
weil die Zunge nicht Worte mehr fand.

In den Sessel sich schmeißend, die Haare ausreißend,
sang er kol(l)oratur im Sopran,
dazu schlug er exakt mit zwei Knochen den Takt –
ach, kein Zweifel: Um ihn war's getan!

»Da ist alles zu spät! Laßt es geh'n, wie es geht!«
rief der Büttel. »Die Sonne erlischt!
Wenn wir weiter so trödeln mit Flaxen und Blödeln,
ist das Schlarg uns für immer entwischt!«

Fit the Eighth
The Vanishing

They sought it with thimbles, they sought it with care;
They pursued it with forks and hope;
They threatened its life with a railway-share;
They charmed it with smiles and soap.

They shuddered to think that the chase might fail,
And the Beaver, excited at last,
Went bounding along on the tip of its tail,
For the daylight was nearly past.

»There is Thingumbob shouting!« the Bellman said.
»He is shouting like mad, only hark!
He is waving his hands, he is wagging his head,
He has certainly found a Snark!«

They gazed in delight, while the Butcher exclaimed
»He was always a desperate wag!«
They beheld him – their Baker – their hero unnamed –
On the top of a neighbouring crag,

Erect and sublime, for one moment of time,
In the next, that wild figure they saw
(As if stung by a spasm) plunge into a chasm,
While they waited and listened in awe.

»It's a Snark!« was the sound that first came to their ears,
And seemed almost too good to be true.
Then followed a torrent of laughter and cheers:
Then the ominous words »It's a Boo –«

Then, silence. Some fancied they heard in the air
A weary and wandering sigh
That sounded like »–jum!« but the others declare
It was only a breeze that went by.

Der achte Krampf

Das Verschwinden

Sie jagten's mit Gabeln und Hoffnung zumal,
auch mit Güte und Fingerhüten,
sie bedrohten's mit Eisenbahnaktien brutal
und lockten's mit Lächeln in Tüten.

War alles vergeblich? Es schauderte sie.
Selbst der Biber erhob sich und stand
auf der Spitze des Schwanzes, erregt wie noch nie,
weil das Tageslicht langsam entschwand.

»Jemand schrie!« rief der Büttel, »war's Dingsda, der Tropf?
Sein Schrei ging durch Bein mir und Mark!
Seht, er winkt mit der Hand und er nickt mit dem Kopf!
Ohne Zweifel, er fand es, das Schlarg!«

Alle starrten verzückt. Einer murmelte bloß:
»Ein verflixter Nick war er immer!«
Ja, da stand er, ihr Bäcker, ihr Held Namenlos,
auf dem Gipfel im Abendschimmer

sehr erhaben und aufrecht für einen Moment,
doch im nächsten Augenblick sprang
(wie von Krämpfen gepufft) er hinab in die Kluft.
Sie lauschten und warteten lang.

»'s ist ein Schlarg!« so drang's an ihr Ohr durch die Stille,
und ihr Hoffen und Bangen nahm zu,
dann ein Sturzbach von Lachen und Hussa-Gebrülle,
dann das seltsame Wort: »'s ist ein Buh ...«

Dann – Schweigen. Einige meinten, sie hörten
noch ein Seufzen, verwehend und weh,
es klang fast wie »... malm«, doch die andern erklärten,
es sei nur ein Windhauch von Lee.

They hunted till darkness came on, but they found
Not a button, or feather, or mark,
By which they could tell that they stood on the ground
Where the Baker had met with the Snark.

In the midst of the word he was trying to say,
In the midst of his laughter and glee,
He had softly and suddenly vanished away –
For the Snark *was* a Boojum, you see.

Man suchte bis tief in die Nacht, doch man fand
keinen Knopf (nicht geschlossen, noch offen),
woran man erkannt, daß am Orte man stand,
wo das Schlarg auf den Bäcker getroffen.

In der Mitte des Worts, dessen Sinn er gefunden,
auf dem Gipfel von Glück und Gefahr,
war er binnen Sekunden, doch lautlos verschwunden –
denn das Schlarg *war* ein Buhmalm, fürwahr!

Nachwort des Nachdichters
zugleich
Vorwort zum Vorwort des Komponisten

Wenn – und dies wäre mehr als möglich – irgend jemand den Versuch unternehmen wollte, aus Lewis Carrolls ungeheuerlichem Nonsens-Epos *Die Jagd nach dem Schlarg* einen wie auch immer gearteten Sinn herauszudestillieren, so möge dem Betreffenden von vornherein klar sein, daß er damit nichts anderes beweist als die völlige Unfähigkeit des menschlichen Verstandes, vor dem Unbegreiflichen in ruhiger Verehrung zu verharren, ohne es auf fürwitzige und naseweise Art eben diesem unserem so begrenzten Verstande angleichen und verdaulich machen zu wollen. Der Verstand erträgt nun einmal nicht, was er nicht versteht, lieber leugnet er, manipuliert er, betrügt er sich selbst und die Welt mit mehr oder weniger dürftigen Erklärungen.

Wen wundert es daher, daß kaum ein Werk Lewis Carrolls so viele und so verschiedenartige Interpretationen gefunden hat wie dieses. Hegelianer haben darin die Prinzipien der Hegelschen Philosophie entdeckt, Soziologen gesellschaftliche Strukturen, Literaturwissenschaftler Anspielungen aller Art auf die abendländische Literatur, Esoteriker okkulte Lehrgebäude und – dies versteht sich fast von selbst – Psychoanalytiker jede Menge von Bestätigung ihrer jeweiligen Schule. Gerade die letzteren haben ja ihr detektivisches Vergnügen daran, Kausalität und Logik platterdings überall hineinzutragen, vorzüglich dort, wo diese Kategorien nichts verloren haben.

Eine dieser psychoanalytischen Deutungen behauptet beispielsweise, daß es sich bei Carrolls Dichtung um nichts anderes handle, als um eine bis zur Unkenntlichkeit verschleierte und darum nur um so verräterischere Darstellung von des Dichters eigener Jagd nach dem Glück. Unnötig zu sagen, welche Art von Glück ein

Freudianischer Analytiker mit der solchen Leuten eigenen Hartnäckigkeit sucht und – daran ist weiter nichts Verwunderliches – schließlich natürlich auch findet. Erstaunlich scheint mir indessen, daß gerade einem solchen Deuter die simple Tatsache entgeht, daß er sich dabei um kein Jota anders verhält als seine eigenen Patienten, wenn sie aus der zufälligen Gestalt von Klexographien eben das herauslesen, was in ihrem eigenen Kopf (oder anderen Körperteilen) steckt. Die Dunkelheit des Carrollschen Textes ist ein Spiegel, in dem jeder sich selbst reflektiert – auch der Psychoanalytiker.

So weit, so gut – oder vielmehr nicht gut, denn exakt an dieser Stelle schlägt mein Nachwort in ein Vorwort zum nachfolgenden Vorwort meines Freundes Wilfried Hiller um, das ich unmöglich unwidersprochen stehen lassen kann.

Moderne Komponisten leiden ja durchweg an einem verhängnisvollen Hang zu wissenschaftlich-akademischer Rechtfertigung. Sie schreiben keine Note, ohne sie zugleich musikologisch, historisch, mathematisch, kabbalistisch oder sonstwie begründen und erklären zu können. Gerade die Tatsache, daß die Musik ihrem Wesen nach außerstande ist, etwas anderes auszusagen als sich selbst, reizt sie nur um so mehr, dem verderblichsten Laster unseres feuilletonistischen Jahrhunderts, der sogenannten *message* oder *Aussage*, zu frönen. Worüber, so fragen sie eingeschüchtert, wüßten die Rezensenten denn sonst etwas zu schreiben? Und so ist denn auch mein armer, alter Freund Hiller weder durch Strenge noch durch Güte davon abzubringen, die Meinung jener psychoanalytischen Deutung zu teilen, daß nämlich die Jagd nach dem Schlarg nichts anderes bedeute als die Jagd nach dem Glück.

Diese Ansicht ist selbstverständlich falsch. Zuvörderst weil sie nicht die meine ist, danach aber auch, weil sie vernünftig ist. Wäre es Lewis Carroll aber darum gegangen, Vernünftiges in verlarvter Gestalt zu schildern, so wäre er nichts weiter als ein Taschenspieler, ein Hervorbringer falscher Wunder oder gar ein Kreuzworträtsel-Erfinder. Er ist aber ein Dichter, also ein authentischer Zauberer oder Schamane, ein Schöpfer von Geheimnissen, die er selbst nicht versteht. Und so stellt er in seinem Epos unser aller (also auch Freund Hillers) Unfähigkeit dar, irgend etwas zu tun, ohne diesem Tun einen Sinn zu unterstellen, zum Beispiel eine Oper zu schreiben, ohne sich zugleich einzureden, das Schreiben von Opern – und ganz speziell dieser Oper – habe einen Sinn. Somit ist diese Oper sozusagen Hillers und mein eigenes Schlarg, wie die Eröffnung des Prinzregententheaters in München eben Herrn Everdings Schlarg ist.

Pascal schreibt einmal irgendwo (ich weiß im Augenblick nicht die Stelle und habe auch keine Lust eigens nachzuschlagen), daß alles Unheil der Menschen daher komme, daß sie unfähig sind, ruhig in ihrem Zimmer auf einem Stuhl sitzen zu bleiben. Diesen Satz könnte man geradezu als Motto über *Die Jagd nach dem Schlarg* schreiben. Die Menschen haben einen unseligen Tätigkeitsdrang, zu dessen Rechtfertigung ihnen schlechterdings kein Grund zu unglaubwürdig ist. Um nicht ruhig auf einem Stuhl sitzen bleiben zu müssen, gründen sie Familien und Konzerne, zeugen sie Kinder, schreiben sie Gedichte und Rechnungen, machen sie Revolutionen und Bankrotte, bringen einander um oder verleihen sich gegenseitig Doktorhüte und Orden. Der beliebige Grund zu alledem heißt bei Carroll zusammenfassend *Schlarg*. In diesem Sinne ist es wohl erlaubt zu behaupten, daß es sich bei seinem Epos um ein – sozusagen spiegelverkehrtes – Gegenstück zu Becketts *Warten auf Godot* handelt, freilich eines, das fast hundert Jahre früher entstanden ist.

Warten auf Godot ist durchaus kein nihilistisches Stück, ganz im Gegenteil, es zeigt, daß es dem Menschen unmöglich ist, Nihilist zu sein. Becketts Clowns finden sich sozusagen selbst vor, sie wissen nicht wo und warum, aber sie sind nun einmal da. Und eben weil sie da sind, schließen sie daraus, daß sie zu *etwas* da seien, daß ihr Dasein irgendeinen Sinn habe. Zwar ist ihnen dieser Sinn nicht bekannt, darum können sie gar nicht anders, als darauf zu warten, daß er ihnen früher oder später mitgeteilt werde. Wer wird aber die Botschaft bringen? Nun, eben Godot. Also warten sie auf Godot, um zu erfahren, warum sie auf Godot warten, das heißt, warum sie überhaupt da sind.

Ganz ähnlich – nur mit einem anderen Vorzeichen – verhalten sich die Figuren in Carrolls Epos. Sie sind, wie alle echten Clowns, von einer fieberhaften, ja gespenstischen Emsigkeit erfüllt. Dieser ununterdrückbare Tätigkeitsdrang muß aber, um sich austoben zu können, ein Ziel haben. Da das Ziel jedoch beliebig ist, nennen sie es *Schlarg* – und deshalb ist das einzig Konkrete, was man über das Schlarg erfährt, daß es in Wirklichkeit etwas anderes ist, das man allerdings auch nicht kennt. Alle geben vor, das Schlarg zu jagen. In Wahrheit tun sie nichts dergleichen – oder vielmehr, sie tun alles mögliche andere.

Das *Schlarg* ist ein Zwillingsbruder von *Godot*.

Ganz im Sinne der Maxime von Pascal über das Unheil der Welt und dessen Grund schien es mir daher für eine musikalisch-dramatische Bearbeitung des Carrollschen Werkes legitim, diesen Kern der Geschichte so deutlich wie möglich herauszuarbeiten. Die musikalischen Anspielungen und Textzitate betreffen durchweg bekannte Beispiele solcher »Jagden nach dem Schlarg«. Aber mehr noch: Die Clowns in unserer Bühnenfassung versenken im Eifer ihrer angeblichen *Jagd nach dem Schlarg* ihr eigenes Schiff und gehen buchstäblich »zu Grunde« – freilich gehen sie munter hinunter. Nur Mr. Carroll selbst wird zuletzt auf wunderbare Weise gerettet – so wie Mr. Beckett ja auch den Nobel-Preis entgegennahm. Dem Kritiker, der darin eine Aporie entdeckt, muß man absolut beipflichten, ihn aber zugleich darauf aufmerksam machen, daß seine Kritik selbst auch nichts anderes ist als eine »Jagd nach dem Schlarg« und also – zumindest in diesem vorliegenden Falle – ein Widerspruch in sich selbst.

So bin ich denn am Ende meiner so scharfsinnigen Ausführungen genau dort angelangt, wo ich nicht anlangen durfte, nämlich bei einer Deutung des Carrollschen Werkes. Spätestens hier wird es jedermann einsichtig sein, daß Carroll selbst sein Werk nicht ohne Grund als »eine Agonie« bezeichnet. Ich könnte wohl zu meiner Rechtfertigung anführen, daß meine Deutung im Gegensatz zu jeder anderen immerhin den Vorzug hat, sich selbst mit einzubeziehen, doch eben deshalb ergeht es mir damit letztlich nicht besser als dem Bäcker, der das Schlarg gefunden zu haben glaubte und ein Buhmalm fand, was bedeutet: Er hebt sich selbst auf. Eben weil ich recht habe, verhält es sich mit meiner Argumentation ebenso.

Darum bleibt mir nach all meiner Mühe und Sorgfalt nur noch eines übrig: Ich ziehe hiermit dieses Nach- oder Vorwort mit dem Ausdrucke tiefempfundenen Bedauerns zurück.

Michael Ende

Vorwort des Komponisten

1. *Die Jagd nach dem Schlarg* bedeutet die Jagd nach dem Glück.
2. *Die Jagd nach dem Schlarg* bedeutet die Jagd nach dem Glück.
3. *Die Jagd nach dem Schlarg* bedeutet die Jagd nach dem Glück.

Da nach der unbezweifelbaren Aussage des Büttels alles, was man dreimal behauptet, wahr ist, habe ich recht. Da kann mein armer, alter Freund Ende argumentieren, wie er will. Es hilft ihm nichts. Punktum!

Wilfried Hiller

Die Jagd nach dem Schlarg

Ein Singspiel für Clowns

Libretto von Michael Ende
Musik von Wilfried Hiller

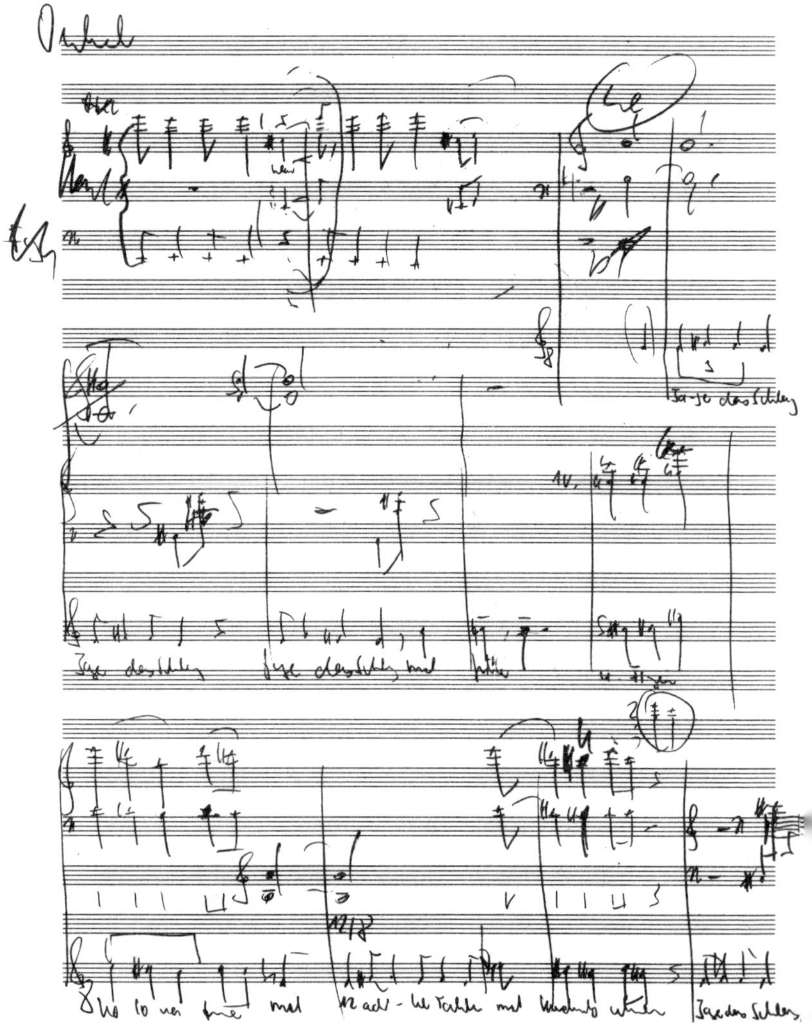

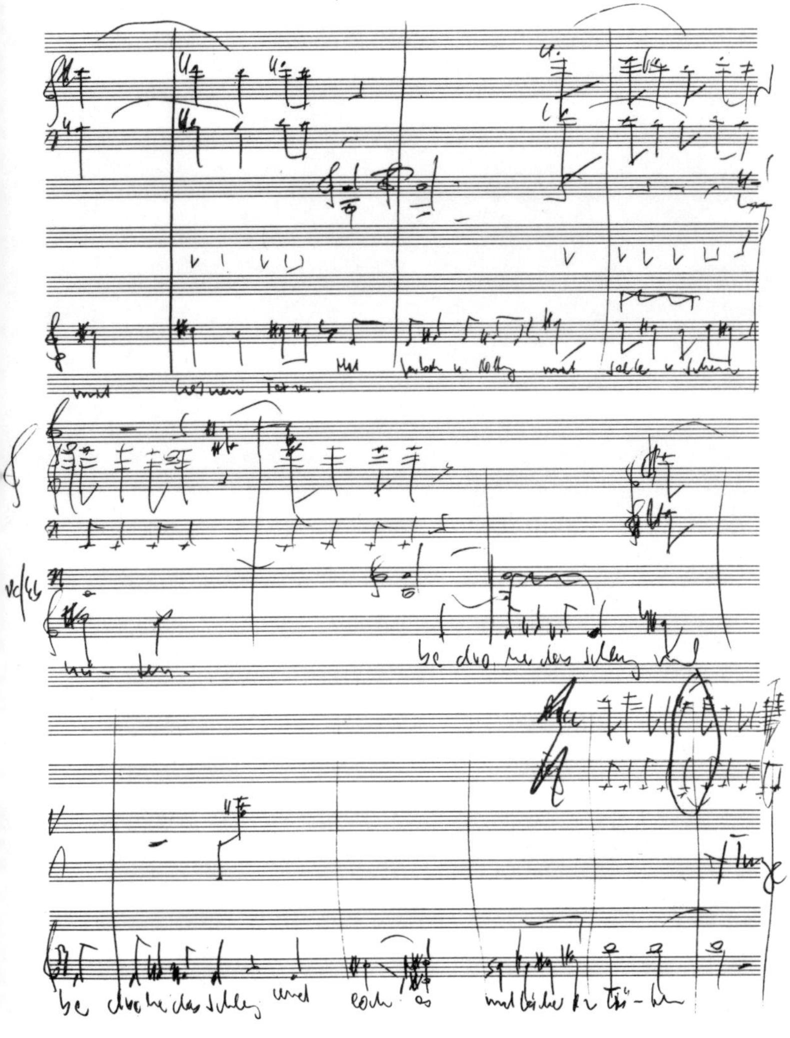

Orchesterbesetzung

Ensemble I

Piccolo
Alt-Saxophon
Kontra-Fagott
Posaune
Tuba
Schlagzeug (ein Glockenspieler mit Schiffsglokken, Glockenspiel, Butterfly-Gongs, Kuhglockenspiel etc.)

Ensemble II

Piccolo
zwei Oboen (auch Englischhorn)
zwei Klarinetten (auch Es-Klarinette)
Fagott
zwei Hörner
zwei Trompeten in C
eine Posaune
eine Harfe
Klavier
drei Schlagzeuger
Streichquintett
von Band: Lewis Carrolls Musikkoffer (Spieluhren, Drehorgel, Orchestrion und andere mechanische Musikinstrumente)

Die Personen

Mr. Lewis Carroll und
Mr. Charles L. Dodgson
(als siamesische Zwillinge) . . Schauspieler
Der Büttel . . . . Heldentenor

Die Mannschaft:
Der Bäcker . . . . Baß-Bariton mit hohem Falsett, Jodel- und Pfeiftechnik

Der Metzger . . . . Baß-Bariton

Der Biber . . . . lyrischer Mezzo-Sopran
Der Rechtsanwalt . . . . Bariton
Der Bankier. . . . . Baß

Die Brother-Sisters:
Der Boy . . . . Koloratur-Sopran
Der Hutmacher . . . . Alt
Der Makler . . . . Tenor
Der Billard-Markör. . . . . . . Baß

Der tote Onkel . . . . lyrischer Tenor mit hohem C

Drei Mädchen
(sechs bis zwölf Jahre) . . . . . Balletteleveninnen

Das Bühnenbild

Das Stück ist nicht nur auf der Bühne, sondern auch in der Zirkusarena oder auf freien Plätzen zu spielen.

Es gibt nur eine einzige Dekoration, die allerdings trickreich gebaut sein muß. Es handelt sich um das Nonsens-Schiff, das auf hoher See dahintreibt. Es könnte auf einer Wippe gebaut sein, die es ermöglicht, jede Art von Seegang darzustellen. Alles an und auf diesem Schiff ist verrückt: Der Schornstein hat einen riesigen Knoten; der Mast ist abgebrochen und die Stücke Seite an Seite mit einer geblümten Riesenschleife zusammengebunden; der Mastkorb ist eine Badewanne; die Segel sind aus Maschendraht oder Kleidungsstücken; das Steuerruder besteht aus einem geflickten Autoschlauch; die Kommandobrücke ist ein Trampolin etc. etc.

Dies sind natürlich nur Vorschläge, der Phantasie des Bühnenbildners sollen keine Grenzen gesetzt sein, was die Verwertung von Sperrmüll und Plunder angeht. Wichtig ist, daß dieses Schiff nach und nach in seine Bestandteile zerfällt oder vielmehr von der Besatzung im Eifer der Jagd nach dem Schlarg demontiert wird, bis es zuletzt versinkt. Der Schlußchor wird dementsprechend unter Wasser gesungen. Am besten wäre es zweifellos, das ganze Theater samt Publikum unter Wasser zu setzen, falls das aber irgendwelchen Sicherheitsvorschriften widerspricht oder auf gewerkschaftlichen Einspruch stößt, wird man sich wohl mit Projektion behelfen müssen.

Das Orchester

Falls es keinen Orchestergraben gibt, müssen die Musiker ebenfalls auf dem Schiff untergebracht werden. Man könnte sie beispielsweise auf die Rahe setzen.

Die Kostüme

Maske und Kleider aller Mitwirkenden – also nicht nur der Darsteller, sondern auch der Musiker – sind clownshaft grotesk. Bei den Darstellern ist es sehr wichtig, daß der jeweilige Clownstyp sorgfältig herausgearbeitet wird. Clownerie ist eine Sache der Genauigkeit der Charakterisierung. Es gibt dazu eine Menge Vorlagen, die studiert werden sollten.

Beschreibung der Personen

Die siamesischen Zwillinge Mr. Carroll und Mr. Dodgson sind Sprechrollen. Es handelt sich um die beiden divergierenden Identitäten ein und derselben Person, eben des Dichters Lewis Carroll, im bürgerlichen Leben Mr. Dodgson. Beide sind völlig gleich gekleidet und sehen sich so ähnlich wie möglich (viktorianische Kleidung, Stehkragen, Weste, Gamaschen etc.). Charakterlich sind sie dagegen gänzlich verschieden. Carroll ist der überlegene, erfolgsgewohnte, geistvolle, ironische Publikumsliebling, während Dodgson der schüchterne, verklemmte, linkshändige und linkische Mann ist, der jede Art von Öffentlichkeit scheute, der nur frei sprechen konnte, wenn er kleine Mädchen unter zwölf Jahren vor sich hatte, und sofort zu stottern begann und rot wurde, wenn Erwachsene in der Nähe auftauchen. Natürlich können die beiden nicht voneinander los, da sie zusammengewachsen sind. Das Verbindungsstück zwischen ihnen könnte eine Art riesiger Ziehharmonikabalg sein, der ausziehbar ist. Denkbar ist auch, daß einer von beiden durch eine lebensgroße Puppe dargestellt wird, die der reale Schauspieler führt. Vermutlich wäre in diesem Fall Carroll die Puppe, Dodgson der Mensch.

Der Büttel (Bellman) ist der Typ des autoritären Clowns: cäsarisch-neronisch-napoleonisch-mussolinisch-hitlerianisch. Er ist megalomanisch eitel. Er ist der Größte. Er weiß stets alles am besten. Er hat eine Glühnase, die sein besonderes Hochgefühl hin und wieder durch Aufglühen signalisiert. Er trägt auf dem Kopf einen Polizistentschako oder einen Pickelhelm (Gerichtsbüttel). Das Zeichen seiner Würde ist eine große (tonlose) Handglocke, die er beständig schwingt. Der Klang wird jeweils im Orchester erzeugt.

Der Bäcker ist der Typ des Unschuldslammes, des ewig lächelnden, verschlafenen, total verblödeten Clown-Clochards. Er ist »ohne Gedächtnis« wie ein Säugling. Er trägt sieben Mäntel und drei Paar Stiefel übereinander, auf dem Kopf möglicherweise eine Bäckermütze. Als »reiner Tor« ist er zuletzt der Held der Geschichte: Ihm gelingt es, dem Schlarg zu begegnen.

Der Metzger ist der »böse Riese«. Man denke etwa an den ewigen Gegenspieler von Charly, jenen dicken, entsetzlich starken, bösen Kerl mit den buschigen Augenbrauen. Beim Metzger erschöpft sich die Bosheit allerdings in drohendem Gehabe. Wenn er weich wird, zerschmilzt er förmlich, wenn er Angst bekommt, verwandelt er sich in ein schlotterndes Häufchen Elend. Er trägt immer ein großes Hackebeil mit sich herum, woraus ihm aber hauptsächlich selbst Unannehmlichkeiten erwachsen, indem er es sich auf die Zehe stößt oder damit irgendwo hängenbleibt. Bestenfalls dient es ihm zum Nägelputzen. Er trägt eine Mütze aus Biberfell.

Der Biber ist eine entzückende junge Dame mit enormen Nagezähnen (bayerisch: Heuraffelgebiß). Sie klimpert mit den Wimpern und ist in jeder Hinsicht von verführerischer Hilfsbedürftigkeit. Ihr Kostüm besteht natürlich aus einem Fellkleidchen, entweder mit Strampelhöschen oder mit nackten Beinchen. Ihr Hinterteil ziert ein nackter, platter Biberschwanz. Sie häkelt meist Spitzen. Wenn sie sich unbeobachtet fühlt, nagt sie ein wenig am Schiff.

Der Rechtsanwalt ist ein Typ des weißen (spanischen) Clowns mit mehligem Gesicht, schwarzer Nasenspitze, hochgezogener Augenbraue. Er repräsentiert die intellektuelle Überlegenheit. Er trägt eine kleine englische Rechtsanwaltsperücke, eine große Brille auf der Nase und über dem Paillettenkostüm einen wehenden Talar. Er hat ein Gesetzbuch unter dem Arm.

Der Bankier trägt Gehrock, Zylinder, gestreifte Hose, schwarze Weste, die zuletzt plötzlich weiß wird. Über den weißen Handschuhen trägt er blitzende Brillanten. Auch sein goldener Spazierstock ist brillantengeschmückt. Man denke an Onkel Dagobert. Er ist meist mit dem Zählen von Banknoten beschäftigt. Er hat eine kleine Registrierkasse bei sich.

Die Brother-Sisters sind ein Allround-Quartett, das sich aus zwei Damen und zwei Herren zusammensetzt. Sie sind Sänger, Tänzer und Pantomimen. Eventuell zeigen sie netzbestrumpfte Beine.

Der Boy ist ein uralter Liftboy mit langem weißem Vollbart, der Koloraturarien in Sopran singt.

Der Hutmacher ist, wie es bei Modeschöpfern hin und wieder vorkommt, von ambivalentem Geschlecht. Sein Vollbart ist lang und violett. Auf dem Kopf trägt er einen überhohen Zylinder, aus dem manchmal ein Kuckuck hervorschnellt.

Der Makler ist ein Ganove mit Melone, kurzem schwarzem Vollbart und großkariertem Anzug.

Der Billard-Markör trägt einen Kellnerfrack, Poposcheitel, einen grünen Vollbart und in der Hand ein Billardqueue. Er könnte häufig mit Billardkugeln zaubern und jonglieren, was aber natürlich immerzu mißlingt.

Der tote Onkel ist erschreckend mager und erschreckend grünlich. Er paddelt in seinem Sarg wie in einem Kajak über die Meereswogen daher.

Die Mädchen (zwischen sechs und zwölf) sind nach den von Carroll gemachten Fotos zu kleiden. Sie können auch als „Nummerngirls“ die Schilder tragen.

Erster Teil

Das Nonsensschiff auf hoher See, sachte in der Dünung schaukelnd. Die Mannschaft ist auf Deck aufgebaut zur Ovation, der Büttel steht auf der Kommandobrücke. Von oben erscheint ein großes Schild mit der Aufschrift: OUVERTÜRE.
Ouvertüre: Jagdmusik
Das Orchester beginnt mit der Ouvertüre. Nach einigen Takten wird die Musik durch den Auftritt der siamesischen Zwillinge unterbrochen und »zerbröselt«. Carroll trägt seinen Musikkoffer. Er zerrt Dodgson mit sich, der partout nicht auftreten will, sich am Bühnenrahmen und am Vorhang festhält und immer wieder hinausstrebt.

CARROLL

Kommen Sie, kommen sie, Mr. Dodgson! Nun kommen Sie schon endlich! Stellen Sie sich nicht so albern an! Es hilft Ihnen ja doch nichts. Wo ich hingehe, da müssen auch Sie hingehen.

DODGSON

(windet sich vor Verlegenheit)
Ich protestiere! Ich protestiere auf das Entschiedenste, Mr. Carroll. Sie wissen doch, wie sehr ich öffentliche Auftritte hasse. Ich werde gleich ohnmächtig werden. Wie können Sie es nur wagen, mich in dieser Weise vor ein Publikum zu zerren, und obendrein noch auf eine Theaterbühne!

CARROLL

Machen wir uns nichts vor, Dodgson, wir gehören längst mit Haut und Haar der Öffentlichkeit. Sie und ich, mein Lieber, wir sind ein weltberühmter Dichter.
(er winkt dem Schild zu verschwinden, das sich daraufhin zögernd zurückzieht)

DODGSON

Das *ist* mir ja gerade so peinlich! Es ist Ihre Schuld, Carroll. Sie tragen meine Haut zum Markt und bieten sie schamlos feil. Sie haben meine intimsten Geheimnisse der Öffentlichkeit preisgegeben und kommerzialisiert. Sie haben meine Herzensunschuld zu einem Geschäft gemacht. Sie sind monströs, Carroll!

CARROLL

Sagten Sie Unschuld? Habe ich recht gehört? Ausgerechnet Sie, Mr. Dodgson, reden von Unschuld?

DODGSON

Um des Himmels willen, Carroll, wir wollen nicht von mir reden. Das ist kein gesundes Thema.

CARROLL

(kopfschüttelnd)

Armer alter Dodgson, warum wollen wir nicht endlich vor aller Welt eingestehen, was mit uns los ist?

DODGSON

Hören Sie, Carroll, ich habe meine Geschichten für Kinder erzählt, nur ganz privat und nur für ein paar Kinder.

CARROLL

Sie meinen natürlich, für *alle* Kinder.

DODGSON

Jawohl, Sir. *(verschämt)* Außer für Knaben.

CARROLL

Gut! Weiter! Fahren Sie fort, Dodgson! Wir leben im Zeitalter der Indiskretion. Solche fatalen Bekenntnisse interessieren alle.

DODGSON

Was soll das heißen? Ich verbitte mir jede Insinuation! Ich untersage diese ganze Aufführung hier.

CARROLL

Sie haben gar nichts zu untersagen. Ob es Ihnen paßt oder nicht, alter Junge, in den Augen der Welt bin ich der Verfasser dieser ungemein lehrreichen Geschichte, deren Aufführung hier soeben ihren Anfang nehmen sollte. Und ich allein habe darüber zu entscheiden.

DODGSON

Ich kann das unmöglich zulassen, Carroll!

CARROLL

(öffnet seinen Musikkoffer; Dodgson beginnt wie unter Zwang zu tanzen)

Mein Musikkoffer, Mr. Dodgson! Ich lasse Sie tanzen, wie es mir paßt, sehen Sie?

DODGSON

(tanzend)

Ich warne Sie, Carroll. Ich bin zu allem fähig, wenn Sie mich zur Verzweiflung treiben.

CARROLL

(schlägt den Koffer zu)

DODGSON

(keuchend)

Das werden Sie bedauern, Sir! Ich bin ein bescheidener und schüchterner Mensch, Sir, aber ich lasse nicht alles mit mir machen.

CARROLL

Da ich als Verfasser dieser ungemein lehrreichen Geschichte...

DODGSON

(aufsässig)

Machen Sie sich keine Hoffnung, Carroll. Solange ich mich ebenda befinde, wo Sie sich aufhalten, werden Sie mich nicht zum Schweigen bringen.

CARROLL
(hält ihm den Mund zu)
Da ich als Verfasser...

DODGSON
(macht sich frei, brüllt)
Was erlauben Sie sich?

CARROLL
(brüllt zurück)
Was erlauben Sie sich? Hier geht es nicht mehr um Ihre lächerlichen Privatangelegenheiten, Dodgson, hier geht es um ein kulturelles Ereignis! Sie sind ganz einfach ein feiger kleiner Heuchler!

DODGSON
Das ist zuviel! Ich fordere Sie zum Duell, Sir. Und zwar sofort.

CARROLL
Das wird übel ausgehen für Sie, mein armer Junge. Ich, Lewis Carroll, bin nämlich unsterblich – falls Sie's noch nicht wissen, und das sind Sie ganz und gar nicht, Dodgson.

DODGSON
Soll ich Ihnen mal sagen, was Sie sind, Carroll? Sie sind nichts als ein Popanz! Ich habe Sie nur erfunden, um mich hinter Ihnen zu verstecken, um in Ruhe gelassen zu werden. Und jetzt wollen Sie plötzlich das große Wort führen! Das ist Verrat, Carroll, Verrat an Ihrem Schöpfer. Ich werde Sie ein für allemal zum Schweigen bringen. Wir werden uns duellieren. Sie haben die Wahl der Waffen, Sir!

CARROLL
(seufzend)
Na schön, wie Sie wünschen. Also: Hellebarden.

DODGSON
Lassen Sie Ihre dummen Witze, Carroll! Die Sache ist mir verdammt ernst.
(er schlottert)

CARROLL

Wo bleibt Ihr berühmter Sinn für Humor, Dodgson? Sie schlottern ja.

DODGSON

Wer schlottert? Ich schlottere keineswegs. Hellebarden sind viel zu lang.

CARROLL

Dann eben südamerikanisches Blasrohr. Wir könnten es gleichzeitig von beiden Seiten benützen, dann genügt uns eines.

DODGSON

(hilflos)

Das ist auch zu lang.

CARROLL

(äfft ihn nach)

Das ist zu lang, das ist zu lang!

Dodgson, Sie haben zu allen übrigen Neurosen auch noch einen Poloniuskomplex.

DODGSON

Bei Gott, Sir, ich werde dieser Peinlichkeit ein Ende machen, so oder so. Wir werden uns schießen, Sir. Mit Pistolen, Sir. Und das auf der Stelle, Sir.

CARROLL

Wie Sie wünschen, Sir.

(er öffnet seinen Musikkoffer, Dogson beginnt zu hüpfen, zieht aber Carroll mit sich hinaus)

CARROLL

(zum Publikum)

Ich bitte Sie für diese unmögliche Szene um Entschuldigung, meine Damen und Herren. Es handelt sich um eine der üblichen Identitätskrisen von Dichtern, sie hat nichts weiter zu bedeuten. Bleiben Sie bitten auf Ihren Plätzen, unser Anfall wird gleich vorübersein.

(beide ab)

Wiederum erscheint das Schild OUVERTÜRE. Das Orchester beginnt zum zweiten Mal, wird nach wenigen Takten abermals unterbrochen, diesmal durch zwei Schüsse, die man hinter der Bühne hört. Alle Musiker setzen die Instrumente ab und blicken erwartungsvoll in die Kulisse. Das Schild verschwindet. Nichts. Das Schild erscheint wieder. Die Musiker nehmen die Instrumente wieder auf und wollen eben die Ouvertüre zum dritten Mal beginnen, werden aber noch vor dem ersten Ton vom neuerlichen Auftritt der siamesischen Zwillinge unterbrochen, die nun beide Verbände um den Kopf tragen.

CARROLL

Meine Damen und Herren, nachdem ich nun, wie Sie sehen, Mr. Dodgsons infantilen Wünschen nach Blutvergießen entsprochen habe, darf ich Ihnen die erfreuliche Mitteilung machen, daß dem Beginn dieser glorreichen Aufführung nichts mehr im Wege steht.

DODGSON

(fast weinend)

Meine Damen und Herren, Sie sehen ja, in welch einer verzweifelten Lage ich mich befinde. Ich komme gegen dieses erfolgslüsterne und selbstgefällige Monster Carroll nicht an. Aber Sie sind doch zivilisierte Personen, also haben sie ein klein wenig menschliches Mitgefühl. Ich bitte Sie, verzichten Sie auf diese heutige Darbietung. Nehmen Sie ihre Garderobe und gehen Sie nach Hause oder an einen anderen gemütlichen Ort. Sie werden es nicht bereuen. Ich appelliere an Sie als die einzige Instanz, die mich jetzt noch retten kann.

CARROLL

Sie sind wohl verrückt geworden, Dodgson!

DODGSON

Nein, Sie sind verrückt, Carroll.

CARROLL

Wir wiederholen uns, und das ist das schlimmste Verbrechen, das ein Autor sich zuschulden kommen lassen kann.

DODGSON

(zum Publikum)

Die Schuld liegt ausschließlich bei dieser Hälfte meiner Person, deren ungesundes Geltungsbedürfnis mich zwingt, mich in aller Form von ihr zu distanzieren.

CARROLL

Oh, ich würde dieser Distanzierung wahrlich mit Freuden zustimmen, wenn sie möglich wäre.

DODGSON

Es handelt sich bei diesem überaus lästigen „alter ego" nämlich um einen angeblichen Mr. Lewis Carroll, Bestsellerautor und Publikumsliebling. Dieser feine Gentleman hat mir alles geraubt, was mir lieb und teuer war. Er hat meine geheimsten Sehnsüchte und einsamsten Leiden ausspioniert und daraus Literatur gemacht!

CARROLL

Und das mit Erfolg, wie Sie zugeben müssen.

DODGSON

Ich will aber keinen Erfolg! Ich will überhaupt nicht veröffentlichen. Meine Träume gehen niemanden etwas an – außer mich und meine kleinen Freundinnen. Kinder verstehen, ohne zu verstehen. Sie sind weise.

CARROLL

Dieser Mr. Dodgson ist nur meine bürgerliche Identität, die mir wie ein Klotz am Bein hängt. Sehen Sie ihn sich nur an: Das Musterbild eines viktorianischen Bürgers, ewiger Junggeselle, Pedant und Gewohnheitsmensch, von Beruf Mathematiklehrer, gesetzestreu und durchaus moralisch, ja geradezu bigott – aber alles in allem ist er nichts als eine arme Seele in einem höchst persönlichen Fegefeuer. Ich dagegen liebe die Objektivität. Darum haßt er mich, denn die kleinen Mädchen lieben nicht ihn, sie haben ihn nie zu sehen bekommen, die kleinen Mädchen lieben in Wirklichkeit nur mich, Lewis Carroll, und mit Recht.

DODGSON

Wie wagen Sie es von Wirklichkeit zu sprechen! Sie existieren überhaupt nicht und haben niemals existiert. Sie sind nichts als eine Erfindung meiner müßigen Phantasie, eine unter tausenden!

CARROLL

(zum Publikum)

Und eben darin irrt Mr. Dodgson, meine Damen und Herren. Seine Vorstellung von Wirklichkeit ist – ich will es auf meine gewohnt vornehme Art ausdrücken – etwas verwirrt. Es liegt wohl auf der Hand, daß es Mr. Dodgson nur gibt, weil es mich gibt.

(beide strecken sich die Zunge heraus)

BEIDE GLEICHZEITIG

Wenn Sie ihm noch länger zuhören, werden Sie bald nicht mehr wissen, wer ist wer...

CARROLL

Ich fürchte, wir machen uns ernstlich lächerlich. Also geben Sie endlich nach, und die Vorstellung kann beginnen.

DODGSON

(trotzig)

Nein.

CARROLL

Warum denn nicht.

DODGSON

(hilflos)

Warum... warum... darum eben.

CARROLL
Infantil!

DODGSON
(dem die rettende Idee kommt)
Ich muß erst etwas erklären.

CARROLL
Dazu ist jetzt keine Zeit.

DODGSON
In dieser „Jagd nach dem Schlarg" kommt eine Stelle vor, die erklärt werden muß. Unbedingt!

CARROLL
Ihre Erklärungen kennt man, Dodgson!

DODGSON
Es handelt sich um die folgende Zeile – eh – eh – *(er reißt dem Dirigenten die Partitur vom Pult und blättert wild)*

CARROLL
Ich durchschaue Sie, Dodgson. Ich weiß, was Sie vorhaben.

DODGSON
Hier, das ist die Stelle: „Ahoi, das Steuer verfängt sich im Bug." Ich will das erklären.

CARROLL
Sie wollen lediglich die Aufführung verhindern.

DODGSON
(redet in wachsender Panik wie unter Zwang)
Die Sache ist von geradezu kindlicher Einfachheit.

CARROLL
Aber das wird Ihnen nicht gelingen.

DODGSON
Hören Sie mir bitte zu, meine Damen und Herren.

CARROLL

Hören Sie ihm auf keinen Fall zu! Ich bitte Sie dringend.

DODGSON

Der Büttel nämlich, der die Reisegesellschaft bei der Jagd nach dem Schlarg anführt, ist beinahe krankhaft empfindlich gegen allen äußeren Schein...

CARROLL

Lesen Sie Zeitung, meine Herrschaften, oder unterhalten Sie sich!

DODGSON

Darum pflegt er den Bug des Schiffes ein bis zweimal pro Woche abzunehmen und neu lackieren zu lassen...

CARROLL

Spielen Sie Karten! Singen Sie Weihnachtslieder!

DODGSON

Dabei geschieht es allerdings regelmäßig, daß, wenn der Zeitpunkt zur Wiederanbringung herannaht, niemand an Bord sich mehr zu erinnern vermag, an welches Ende des Schiffes der Bug gehört...

CARROLL

Herr Kapellmeister, ich flehe Sie an, spielen Sie! Spielen Sie!

Das Orchester beginnt völlig konfus zum dritten Mal. Das Schild OUVERTÜRE erscheint überstürzt. Die Musiker spielen gegen Dodgsons Rede an, der seinerseits das Orchester zu überschreien versucht, als ginge es um sein Leben. Die Musik gerät immer mehr durcheinander. Der Dirigent bemüht sich verzweifelt, die Verwirrung in den Griff zu bekommen.

DODGSON

So kommt es für gewöhnlich dazu, daß der fragliche Bug eben irgendwie quer über dem Steuerruder befestigt wird...

CARROLL

Husten Sie doch wenigstens, wie Sie es sonst in der Oper zu tun pflegen!

DODGSON

Das Amt des Steuermannes ist vom Boy übernommen worden. Besagter Steuerboy also pflegt mit tränenfeuchten Augen dabei zuzusehen. Er weiß nämlich, wie falsch das alles ist, aber die Regel Zweiundvierzig der Schiffahrtsordnung, welche besagt...

CARROLL

Er wird nicht eher aufhören, als bis auch dem Gutwilligsten unter ihnen der Geduldsfaden reißt!

DODGSON

„Es ist strengstens untersagt, mit dem Mann am Steuerruder zu reden" ist vom Büttel höchstpersönlich um die Worte „und dem Steuermann ist es strengstens untersagt, mit irgend jemand zu reden" erweitert worden...

CARROLL

Holen Sie die Feuerwehr! Polizei! Notarzt!

DODGSON

So ist jeder Einspruch unmöglich, und keinerlei Steuermanöver kann ausgeführt werden, ehe nicht der nächste Lackierungstermin herangekommen ist. Während solcher verwirrender Zwischenzeiten segelt das Schiff für gewöhnlich rückwärts...

Es gelingt Carroll, Dodgson hinauszuschleppen. Das Orchester ist in heilosem Durcheinander.

BÜTTEL

(klingelt mit seiner Handglocke)

Aufhören! Aufhören! Die Ouvertüre wird sowieso nichts mehr. Fangen wir lieber mit dem Stück an!

Das Orchester verzichtet auf die Ouvertüre und beginnt die nächste Nummer. Das Schild OUVERTÜRE wird hochgezogen, statt dessen erscheint ein Schild mit der Aufschrift: DIE WAHL DES KAPITÄNS.

CHOR

(alle außer dem Büttel, der cäsarisch geschmeichelt zuhört und seine Nase aufglühen läßt)
Ehre unserm Büttel! Dem Büttel sei Preis!
Er führt uns wahrlich mit sicherer Hand.
Er weiß, was er tut. Und er tut, was er weiß.
Drum haben wir ihn zum Käpten ernannt.

BIBER

(schüchtern) Chef! Hallo, Chef, ich hätt mal eine Frage.

BÜTTEL

(gönnerhaft) Bitte.

BIBER

Wo sind wir eigentlich?

BÜTTEL

Auf dem Meer.

BIBER

Aha. Und wo da genau?

BÜTTEL

(schaut überlegen lächelnd umher) Du willst also wissen, wo wir genau sind?

BIBER

Ja, Chef. Wo sind wir bitte?

BÜTTEL

(entrollt eine große, vollkommen leere Karte) Wir sind – hier! *(er zeigt mit einem Stock eine Stelle)*

BIBER

Sind wir nicht – *(zeigt eine andere Stelle)* hier?

BÜTTEL

Nein, wir sind hier. *(klopft mit dem Stock auf seine Stelle)*

BIBER

Ich fürchtete nämlich schon, wir wären hier. *(zeigt seine Stelle)*

BÜTTEL

Nein. *(klopft ihm auf die Finger)* Hier! *(zeigt seine Stelle)*

BIBER

(bläst sich kleinlaut auf die Finger) Na, Gott sei Dank, dann ist ja alles in Ordnung.

BROTHER-SISTERS

Er besitzt eine Karte, drauf ist zwar das Meer,
aber kein Staubkörnchen Festland zu sehn.
Wir alle sind glücklich und loben sie sehr,
denn die kann wirklich ein jeder verstehn.

METZGER

Andre Karten sind voll
mit Kap Horn und Atoll,
mit Inseln, Küsten und Eis.

RECHTSANWALT

Dem Büttel sei Dank!
Seine Karte ist blank:
Ein leeres, vollkommenes Weiß!

BANKIER

Was nützen uns Nordpol,
Passat, Äquatore,
Ekliptik und tropische Zonen?
Das sind nur Konventionen,
wir aber sind doch modern.

ALLE

Ehre unserm Büttel! Dem Büttel sei Preis!
Er führt uns wahrlich mit sicherer Hand.
Er weiß, was er tut. Und er tut, was er weiß.

Drum haben wir ihn zum Käpten ernannt.
Wir wählen dich im Chore
zu unserem Häuptling und Herrn.
Führe uns souverän,
sei unser Kapitän,
sei unser Ka-pi-tän.

Ein erstes, noch fernes Donnergrollen kündet den kommenden Sturm an. Das Schiff beginnt heftiger zu schaukeln.

BÜTTEL
(klingelt mit der Glocke gegen den Donner an)
Ruhe da oben, wenn ich bitten darf!
(er nimmt Rednerpose ein, mit großer Geste)
Nachdem soeben die versammelte Mannschaft mich, den Büttel, einstimmig zum Kapitän gewählt hat... *(er unterbricht, wartet, brüllt dann)*
Wo bleibt der frenetische Applaus?

ALLE
Bravo!

BÜTTEL
(nickt zufrieden und beginnt nochmals) Nachdem soeben die versammelte Mannschaft mich...

ALLE
Bravo!

BÜTTEL
(nach einer kleinen Pause ganz schnell)
Nachdem soeben die versammelte...

ALLE
Bravo!

BÜTTEL
(rollt die Augen, schon wütend) Nachdem soeben...

ALLE
Bravo!

BÜTTEL

(wendet sich weg, dann schnell wieder zurück) Nachdem...

ALLE

Bravo!

BÜTTEL

Nach...

ALLE

Bravo!

BÜTTEL

N...

ALLE

Bravo!

BÜTTEL

(läutet die Glocke) Ruhe! Das sind subversive Ovationen! Applaus nur auf mein Zeichen, verstanden? Wir befinden uns auf einer höchst gefährlichen Expedition, deren Zweck und Ziel es ist, unter Aufbietung aller geistigen, moralischen und physischen Kräfte die Jagd nach dem Schlarg nicht nur zu beginnen, sondern auch fortzuführen und wenn möglich erfolgreich zu beenden. Nachdem nun soeben die versammelte Mannschaft mich, den Büttel, einstimmig zum Kapitän gewählt hat... *(er blickt drohend umher, kein Applaus)* ...werde ich nun meinerseits einstimmig meine Mannschaft wählen. Einzeln vortreten!

Der Büttel zeigt mit seinem Stock auf jeweils den, der dann vortritt und sich präsentiert. Das vorige Schild verschwindet, statt dessen erscheint ein anderes mit der Aufschrift: DIE WAHL DER MANNSCHAFT.

BOY

Ich bin ein Boy, zur Besorgung von Sachen,
nur kann ich nicht von hier fort.

MARKÖR

Ich bin Billard-Markör, aber was soll ich machen?
Es gibt ja kein Billard an Bord.

MAKLER

Ich bin ein Makler, zum Schätzen von Werten,
obwohl niemand hier kauft und verkauft.

HUTMACHER

Ich bin Hutmacher. Heil euch, Gefährten!
Meine Kunst wird hier auch nicht gebraucht.

BROTHER-SISTERS

Wir sind völlig überflüssig.
Wir bereichern nur die Szenerie.
Wir sind die vier berühmten Brother-Sisters
und suchen die Harmonie ... nie ... nie ... nie.

BANKIER

Ich bin ein Bankier und ein Mensch voller Güte.
Ohne mich wärt ihr alle längst ruiniert.
Ich hab in der Hoffnung auf reiche Rendite
Diese Jagd nach dem Schlarg finanziert.

RECHTSANWALT

Und wollt ihr einander Prozesse machen
um das Schlarg – für den Fall dieses Falles:
Ein Rechtsanwalt bin ich, um Streit zu entfachen,
und führe Beweise für alles.

BIBER

Ich bin ein Biber, ich sitze an Deck
und klöpple meist Spitzen aus Flandern.
Ich stopfte schon manches gefährliche Leck,
aber wie, das weiß keiner der andern.

BÄCKER

Ich bin berühmt für die Menge der Dinge,
die ich bei der Abfahrt vergessen:
Hut, Regenschirm, Preziosen und Ringe
und die Kleider, die ich besessen.
Auf den Kisten – und zwar zweiundvierzig an Zahl –

war zwar mein Name geschrieben,
doch leider – und das ist mir mehr als fatal –
sind sie alle am Ufer geblieben.
Der Verlust meiner Kleider betrifft mich nicht sehr –
ich trag sieben Mäntel mit Schnallen
und drei Paar Stiefel – schlimm scheint mir vielmehr:
Wie ich hieß, ist mir gänzlich entfallen.

BROTHER-SISTERS

Darum hört er auf »Hei!« – Hei – Hei
oder jeglichen Schrei, Schrei, Schrei,
auf »Dingsda« und »komischer Kauz«,
auf »He du!« – »Hol's der Geier«,
auf »Hallo« und »Mensch-Meier«,
oder »Humsti-Bumsti« und »Bauz!«

BÄCKER

Als einfacher Bäcker stehe ich hier,
doch will ich sogleich euch verkünden:
Ich kann nichts als Brautkuchen backen, wofür
sich hier nirgendwo Zutaten finden.

Starker Donnerschlag. Das Schiff schlingert bedenklich. Das vorige Schild verschwindet und ein neues erscheint mit der Aufschrift: ERSTE SCHWIERIGKEITEN.

BÜTTEL

(läutet heftig) Ruhe da oben! Weitermachen! Der Nächste bitte!

Der Metzger geht gewichtig über die Planken, seine Schritte werden durch die Trommel akzentuiert.

METZGER

Ich bin als ein Metzger zu euch gekommen,
doch eines gesteh ich euch lieber:
Ich schlachte nicht alles. Genau genommen
schlachte ich
ausschließlich ...
Biber.

Der Metzger stößt sein Hackebeil auf den Boden, erwischt aber versehentlich seine große Zehe, reicht das Beil dem Bankier zum Halten, hüpft auf einem Bein hinter die Kommandobrücke, wo er einen herzzerreißenden Schrei ausstößt, »Auaaa!«, dann erscheint er wieder gefaßt und mit drohender Miene, nimmt sein Beil wieder in Empfang und stößt es nun richtig auf.

BROTHER-SISTERS
Wie peinlich,
wie peinlich!

BIBER
(flüchtet auf den Arm des Bäckers, empört)
Euch ist es nur peinlich.
Mir ist es arg!
Sperrt ihn ein, anstatt ihn zu schelten!
Mir kann seine Jagdleidenschaft
für das Schlarg
keineswegs als Entschuldigung gelten!

Blitz und Donner bedrohlich nahe. Die Wellen werden immer höher.

BÜTTEL
(läutet wütend) Wenn da oben nicht bald Ruhe wird, komm ich rauf!

BÄCKER
Biber, mein lieber Biber,
trage ab jetzt doch lieber
eine kugelsichere Weste.
(er zieht ihm die Weste an)

BANKIER
Eine Lebensversicherung rate ich dir
zu erwerben, und zwar gleich die beste!
Eine kleine Unterschrift,
hier *(der Biber unterschreibt)*
und hier *(der Biber unterschreibt ein zweites Mal).*
Die Sache ist gar nicht teuer.

Schon bist du im stolzen Besitz
einer schönen Police gegen Schaden durch Feuer
und einer für Hagel und Blitz.
(er gibt ihm das Duplikat)
Bitte!
Der Himmel voll Geigen!
Die Aktien steigen.
Investitionen
werden sich lohnen.
Fünftausendachthundert – bezahlt und Geld! –
Die Kurse, sie schweben zum Himmelszelt!
Wer da hat, dem wird noch gegeben.
Schon dreihundertzwanzig Prozent im Topf!
Konjunktur! Hosianna! Die Börse steht Kopf!
Ja, Freunde, das ist ein Leben!
Und wer allzu viel fragt
und wer böswillig sagt,
das ginge nicht gut, das ginge nicht gut,
dem geben wir ordentlich eins auf den Hut.

Der Orkan bricht mit voller Stärke los. Das vorige Schild verschwindet, statt dessen erscheint ein neues mit der Aufschrift: DER SCHIFFBRUCH.

BÜTTEL
(schreit in ein Sprachrohr)
Sturm aus Süd-ost-nord-west!
Alle Mann über die Toppen!
Ahoi! Das Steuer verfängt sich im Bug!
Das kommt, wie wohl jeder bemerkt,
vom tropischen Klima, wo häufig genug
sich ein Schiff sozusagen verschlärgt.
Mast unter Deck.
Backbord das Heck!

Mit fürchterlichem Getöse läuft das Schiff auf ein Riff auf. Der Sturm, der jetzt nicht mehr gebraucht wird, hört schlagartig auf.

BÄCKER

(flüstert)

Pst! Still! Hat es da nicht eben gebumst?

METZGER

Gebumst? Wer hat gebumst? Was hat gebumst? Was soll das überhaupt heißen?

BÄCKER

Jedenfalls gebumst hat es.

BIBER

Ich hab's auch ganz deutlich gehört. Ein Riesenbums.

RECHTSANWALT

Juristisch gesehen gibt es für jeden Bums eine Ursache. Wo keine Ursache, da kein Bums.

BANKIER

Wenn das so ist, was mag dann die Ursache für diesen Bums gewesen sein?

BÜTTEL

Eine Untiefe!

ALLE

Eine Untiefe? Was machen wir denn da?

BIBER

Ich weiß was!
(alle schauen ihn an, er sagt schüchtern)
Eine Panik.

BROTHER-SISTERS

(begeistert)

Eine Panik! Eine Panik!
Los, ihr Leute, nicht so tranig!
Rennen, schreien, heulen, lachen,
laßt uns eine Panik machen,
eine Panik riesengroß!
Endlich ist mal etwas los!

BÜTTEL

(läutet)
Ihr wißt nichts, drum schweigt nun
und hört, wie es heißt!
(er schlägt in einem großen Buch nach)
Die Schiffahrtsordnung erklärt:
»Eine Untiefe ist eine Stelle, die meist
der nötigen Tiefe entbehrt.«
(er schaut sich um)
Aber hört nur noch weiter! Was steht denn da noch?
»Es gibt keinen Grund zu verzagen.
Genau eine Untiefe ist jedoch
d i e Stelle, um Schlargs zu erjagen!«

BÜTTEL UND MANNSCHAFT

Eine Stelle für Schlargs – das ist ideal!
Voller Mut sei darum eure Schar!
Eine Stelle für Schlargs – noch ein drittes Mal!
Was ich dreimal behaupte, ist wahr!

Während des folgenden Chores bricht unvermittelt die tropische Nacht voller glitzernder Sterne herein.

GROSSER SEEMANNSCHOR
(auf die Melodie »La Paloma«, sehr gefühlvoll)

Der Wind
unsres Schicksals hat uns hierher geweht.
Wir sind
irgendwo, auch wenn man das nicht versteht.
Das Meer
ist so groß und weit und so klein ein Schiff.
Wie schwer
findet mancher Seemann darum sein Riff!
Uns führte das Glück
und trug uns auf seiner Welle
niemals zurück,
doch vorwärts zur richt'gen Stelle.
Koste es Geld
oder koste es Kopf und Kragen,

auf dieser Welt
gilt eins nur: Das Schlarg zu jagen.
Auf zur Jagd nach dem Schlarg!
Völker, hört die Signale!

Nach diesem „Ausrutscher" in die Internationale verharren alle eine Schrecksekunde lang reglos, dann bricht ein Höllenspektakel los, jeder spielt oder singt irgend etwas, um den peinlichen Eindruck zu verwischen. Der Lärm ebbt ab. In die folgende Stille hinein hört man den Bankier auf der Registrierkasse spielen. Ab hier bis zum Ende des Stückes geht das Schiff nach und nach unter, was aber im Eifer der Jagd nach dem Schlarg keine der handelnden Personen zur Kenntnis nimmt.

BANKIER
(der während des Chores Geld gezählt hat)
Ein Schiffbruch ist – rein geschäftlich gesehen –
noch lange kein Grund zur Klage.
Versteht man die Sache nur richtig zu drehen,
gibt's kaum eine bess're Anlage!

Das vorige Schild verschwindet. Von oben senkt sich ein Schild herunter mit der Aufschrift: WICHTIGE INFORMATION.

BÜTTEL
(läutet)
Hört zu, ich gebe noch einmal bekannt
seine Kennzeichen. Fünf will ich nennen.
Dieses Wissen setzt den, der's beachtet, instand,
ein authentisches Schlarg zu erkennen.

Die Brother-Sisters bringen dem Büttel eine Moritatentafel, die umgeblättert werden kann. Der Büttel zeigt mit einem Stab auf die einzelnen Schriften. Haupttitel: DAS SCHLARG.

CHOR
Das Schlarg! Das Schlarg! Das Schlarg!

BÜTTEL

Ich geh nach der Reihe vor: Erst der Geschmack
(Er blättert um. Bild: Suppenterrine, darauf steht GESCHMACK.)

ALLE

(andächtig)
Erst der Geschmack.

BÜTTEL

Er ist flau, sogar fade, doch krustig,
wie ein rings um die Taille zu enger Frack,
mit Aroma von Irrlichter-lustig.

ALLE

... mit Aroma von Irrlichter-lustig.

BÜTTEL

Ein Langschläfer ist es ganz allgemein.
(Er blättert um. Bild: ein Bett. Darauf steht LANGSCHLÄFER.)

ALLE

(andächtig)
Ein Langschläfer ist's.

BÜTTEL

Doch geht es zu weit, wie ich sage,
denn zum Nachmittagstee nimmt sein Frühstück es ein
und ißt Mittag am folgenden Tage.

ALLE

(andächtig)
und ißt Mittag am folgenden Tage.

BÜTTEL

Punkt drei: Daß es Witze nur langsam versteht.
(Er blättert um. Bild: Verschlungenes Kabel mit Stecker, Schrift: LANGE LEITUNG.)

ALLE

(andächtig)
Nur langsam versteht.

BÜTTEL

Wenn ihr jemals ihm einen erzählt,
wird es seufzen, wie jemand, der leidet und fleht,
und bei Wortspielen blickt es gequält.

ALLE

(andächtig)
Blickt es gequält.

BÜTTEL

Punkt vier: Seine Neigung zu Badekabinen.
(Er blättert um. Bild: Badekabine mit Voyeur. Unterschrift: BADEKABINENNEIGUNG. Der Bäkker pfeift genüßlich.)

ALLE

(andächtig)
Badekabinen.

BÜTTEL

Stets führt's welche mit sich. Es glaubt,
die Strandszenerie zu verschönern mit ihnen.
Eine Ansicht, die Zweifel erlaubt.

ALLE

(andächtig)
Eine Ansicht, die Zweifel erlaubt.

BÜTTEL

Dann fünftens, sein Ehrgeiz. Und damit ist Schluß.
(Er blättert um. Bild: Lorbeerkranz mit Aufschrift DEM GRÖSSTEN.)

ALLE

(andächtig)
Damit ist Schluß.

BÜTTEL

Doch muß ich zwei Arten euch nennen,
denn von denen mit kratzenden Schnurrbärten muß
die mit Federn, die beißen, man trennen.
(Er blättert nochmal um. Bild: Rechts sieht man eine FEDER und links daneben einen SCHNURRBART, durch einen senkrechten Strich getrennt.)

ALLE

Das Schlarg! Das Schlarg! Das Schlarg!

BÜTTEL

(sehr bedeutsam)
Das gewöhnliche Schlarg ist von harmloser Sorte,
doch freilich, dies gilt nicht von allen...
(Er blättert alles wieder nach vorn. Statt SCHLARG steht aber nun als Haupttitel überraschend: BUHMALM.)
Manch eins ist ein BUHMALM!

Der Bäcker schreit gellend auf und fällt in Ohnmacht.

RECHTSANWALT

Beim Klang deiner Worte
ist der Dingsbums in Ohnmacht gefallen!

BROTHER-SISTERS

(während sie sich um den Ohnmächtigen bemühen)
Wir geben ihm Semmeln und Himbeergelat,
wir geben Kredit ihm auf Raten,
wir geben ihm Senf und juristischen Rat,
wir geben ihm Rätsel zu raten.

Die drei Mädchen kommen als Schmetterlinge und umtanzen den Bewußtlosen, gleichsam wie seine Traumvision.

BÄCKER

(kommt zu sich)
Verzeiht mir, wenn ich nur stammeln kann...
Das Wort traf mich schwer...
ich biete euch an,
zu enthüllen mein Los einem jeden!

BÜTTEL

(läutet)
Der »Humsti-Bumsti« soll reden!

BROTHER-SISTERS

(zum Publikum)
Pst, pst, pst, pst!
Pst, pst, pst, pst!
Um äußerste Stille ersuchen wir euch,
kein Schluckauf!
Kein Pieps!
Und kein Stöhnen,
(man hört das Geräusch knabbernder Biberzähne auf Holz)
wenn der Mann namens »He!«
nun berichtet sein Weh
in neandertalerschen Tönen.

Das vorige Schild wird hochgezogen, dafür erscheint ein anderes mit der Aufschrift DES BÄCKERS VERHÄNGNIS.

BÄCKER

(erhebt sich; große musikalische Vorbereitung zur Gralserzählung)
So hört das Lied vom elternlosen Sohne:
Gezeugt ward ich allein von Mutterhand.
Mein Vater Marzipan zog die Melone –
Sein Zwitter – ich – hab beide nie gekannt...

BÜTTEL

(läutet)
Dies ist keine Oper von Wagner jetzt!
Überspring's und mach' schnell,
da die Zeit uns schon hetzt.

BÄCKER

(resigniert)
Vierzig Jahr überspring ich
(schnelles Spulen eines Tonbandes)
und fahre gleich fort
mit dem Tag, da zur Mannschaft ich kam hier an Bord:
Mein herzliebster Onkel, der krank war und gichtig,
verriet mir beim Abschied zum Trost...

BÜTTEL
(läutet)
Überspring auch den Onkel!

BÄCKER
(stampft mit dem Fuß auf)
Der Onkel ist wichtig,
auch wenn es dich noch so erbost!

Das Holländermotiv klingt an. Der Onkel kommt als grüne Geistererscheinung in seinem Sarg über die Wellen dahergepaddelt.

ONKEL
Solltest du wirklich ein Schlarg einst finden,
bring's auf jeden Fall heim,
gib ihm Haferkornschleim,
denn es dient dir, um Licht zu entzünden.
Jage das Schlarg mit kleinen Terzen,
mit Gabel und Hoffnung,
mit Seife und Scherzen!
Jage das Schlarg!
Jage das Schlarg mit Güte und Fingerhüten!
Bedrohe das Schlarg mit Koloraturen,
mit Zwölfachteltakten, mit Kuckucksuhren!
Jage das Schlarg! Bedrohe das Schlarg!
Und lock es mit Lächeln in Tüten!

BÜTTEL
Das ist die Methode!
Nein, wie mich das freut!
Verzeiht, doch ich misch mich dazwischen.
Stimmt genau, denn nur so – sagt die Wissenschaft heut
geht man vor, um ein Schlarg zu erwischen.

ONKEL
(entrüstet)
Bringt den Schreihals zum Schweigen,
die blöde Figur!
In der Arie meines Neffen
erscheine ich doch als Rückblende nur,

wie könnt ich euch sonst hier treffen.
(wieder geisterhaft)
Aber Neffe, o weh!
Denn ergibt es sich je,
daß dein Schlarg sich als Buhmalm erweist,
bist du binnen Sekunden
und lautlos verschwunden,
und nichts bleibt, was dein Dasein beweist.

Der Onkel paddelt hinaus. Sein letztes hohes C bleibt rätselhaft in der Luft hängen. Man hört wieder das Nagen des Bibers.

BROTHER-SISTERS
Mit Gabeln und Hoffnung, mit kleinen Terzen?
Mit Zwölfachteltakten? Mit Seife und Scherzen?

BÄCKER
Es ist dies! Es ist dies!
Es zerbricht mir den Kopf,
dies vom Onkel erwähnte Verhängnis.
Und mein Herz ist nicht mehr
als ein brodelnder Topf,
welcher überläuft, schäumend vor Bängnis.
Es ist dies! Es ist dies ...

BÜTTEL
(ihm nachäffend)
Es ist dies! Es ist dies ...
Laß es weg, weil es gar nichts bezweckt.

BÄCKER
O Freunde, einmal nur laßt es mich noch:
Es ist dies! Es ist dies, was mich schreckt!
Denn so weiß ich nun eben,
käme jemals im Leben
ein Buhmalm mir einst zu Gesicht,
wär ich binnen Sekunden
und lautlos verschwunden.
Dieses Wissen ertrage ich nicht!
(er bricht erneut zusammen)

BROTHER-SISTERS

Oh, keiner der Herrn
hätt es sonderlich gern,
wenn er plötzlich sich vollständig fehlt.
Darum sage uns, Mann,
als die Reise begann,
warum hast du da nichts erzählt?

BÄCKER

Verklagt mich auf Totschlag, auf Schizophrenie,
denn jedermann hat seine Schwächen,
doch auf Vorspieglung unwahrer Tatsachen nie!
Die gehört nicht zu meinem Verbrechen.
Ich sprach auf hebräisch, auf griechisch, sogar
Suaheli, Sankskrit und Latein,
doch leider vergaß ich, verwirrt wie ich war:
Ihr versteht ja doch ...
ihr versteht ja doch
deutsch nur allein.

ALLE

Sehr bedauerlich! Peinlich!
da steht man beklommen.
Was macht man? Ein dummes Gesicht!

BÜTTEL

(läutet)
Wir haben des Bäckers Geschichte vernommen,
da bedarf's weitrer Reden wohl nicht!
Den Rest seiner Worte
wird an besserem Orte
und zu besserer Zeit er verkünden,
denn: Nah ist das Schlarg!
Darum hört mein Gebot:
Eure glorreiche Pflicht heißt – es finden!

ALLE

Jage das Schlarg mit kleinen Terzen,
mit Gabel und Hoffnung,
mit Seife und Scherzen!
Jage das Schlarg!

Jage das Schlarg mit Güte und Fingerhüten!
Bedrohe das Schlarg mit Koloraturen,
mit Zwölfachteltakten, mit Kuckucksuhren!
Jage das Schlarg! Bedrohe das Schlarg!
Und lock es mit Lächeln in Tüten!

Die siamesischen Zwillinge werden von den drei kleinen Mädchen hereingeführt, die sie zu Carrolls Koffermusik umtanzen. Dodgson wirkt wie verzaubert, er merkt nicht, wo er sich befindet. Carroll ist damit sehr zufrieden. Die drei Mädchen verschwinden. Dodgson erwacht aus seiner Verzauberung.

DODGSON

Wo sind wir denn? Mein Gott, schon wieder auf der Bühne! Erst schleppen Sie mich gegen meinen Willen hier her, dann gegen meinen Willen fort, jetzt gegen meinen Willen wieder her – was wollen Sie überhaupt, Carroll?

CARROLL

(maliziös)
Oh, ich habe Sie nicht hergeschleppt, Dodgson.

DODGSON

Sie sollten sich schämen, Carroll. Sie schrecken nicht einmal davor zurück, sich dieser unschuldigen Engelchen zu bedienen, um mich von neuem ins Scheinwerferlicht zu locken. Aber ich mache da nicht mehr mit! Ich werde kein Wort mehr sagen. Ich werde verstummen für immer. Leben Sie wohl, Mr. Carroll!

CARROLL

Leben Sie wohl, Mr. Dodgson!

DODGSON

Ich habe das alles nicht gewollt. *(er schreit)* Warum hört denn niemand auf mich? Ich bin unschuldig!

CARROLL

Wollten Sie nicht verstummen für immer?

DODGSON

Du lieber Himmel, diese ganze Jagd nach dem Schlarg war doch nur als ein kleiner Scherz gedacht, um ein paar Kinder zum Lachen zu bringen – eine Spielerei ohne Wichtigkeit, nicht mehr...

CARROLL

Nun, da ist uns eben unter der Hand und ganz ohne Absicht ein Meisterwerk gelungen, mein lieber Dodgson.

DODGSON

Ach, kein Mensch wird verstehen, wovon überhaupt die Rede ist.

CARROLL

Na und? Haben Sie schon mal eine moderne Oper gesehen, die zu verstehen war?

DODGSON

Aber alle Welt wird uns nun fragen, was zum Teufel eigentlich ein Schlarg ist. Was machen wir dann?

CARROLL

Dann antworten wir, ein Schlarg ist etwas, das in Wirklichkeit etwas anderes ist – das man auch nicht kennt.

DODGSON

Und damit, glauben Sie, werden die Leute sich zufriedengeben?

CARROLL

Oh, die Leute geben sich noch mit ganz anderem Nonsens zufrieden.

DODGSON

Hätte ich doch nur von Anfang den Mund gehalten, dann gäbe es keine Jagd nach dem Schlarg.

CARROLL

Zu spät, mein lieber Dodgson, zu spät! Die Vorstellung ist bereits in vollem Gang. Jetzt gibt es kein Zurück mehr.

DODGSON

Ha, jetzt habe ich Sie durchschaut, Carroll! Sie haben mich schlicht übertöpelt. Sie benützen unseren Streit über diese Aufführung just dazu, um eben diese Aufführung stattfinden zu lassen. Ich werde auf der Stelle zu meinem Anwalt gehen. Er soll augenblicklich eine einstweilige Verfügung erwirken.

CARROLL

Ihr Anwalt ist auch mein Anwalt, Sir.

DODGSON

Zu unserem Anwalt also! Kommen Sie schon!
(beide ab)

Kaum sind die siamesischen Zwillinge draußen, spielt das Orchester, das an einer Art musikalischer Verhaltung gelitten hat, unter fortwährenden besorgten Blikken in die Kulisse in rasender Eile den Rest der Ouvertüre. Das Schild mit der Aufschrift OUVERTÜRE erscheint, wird hochgezogen, es erscheint ein anderes, noch ein anderes von vorher, offenbar ist man sich hinter der Bühne nicht mehr einig. Schließlich bleibt OUVERTÜRE, wenn diese gerade zu Ende ist. Der Schornstein stößt eine dicke Kaffeeduftwolke aus.

Heller Mondschein. Nebelschwaden ziehen über das nächtliche Meer und das Nonsens-Schiff, das schon weitgehend demoliert mit schwerer Schlagseite friedlich daliegt. Die gesamte Besatzung hängt, liegt oder hockt in den unmöglichsten Stellungen auf Deck herum und schläft. Man hört ein großes Schnarchkonzert. Der Büttel geht mit einer Lampe auf dem Schiff umher und leuchtet einigen Mannschaftsmitgliedern ins Gesicht: dem Metzger (Tuba-Solo), dem Bankier (Posaune-Solo), dem Rechtsanwalt (Altsaxophon-Solo), dem Bäcker (Kontrafagott-Solo) und zuletzt dem Biber (Piccolo-Solo). Dann legt er sich beruhigt zum Schlafen nieder. Der Biber bewegt sich unruhig hin und her, schließlich erheben sich er und der Metzger schlaftrunken, sie beginnen, ohne daß einer den anderen bemerkt, suchend herumzuschleichen. Pantomime von Biber und Metzger begleitet von Piccolo und Baßtuba. Schließlich stoßen beide rückwärtsgehend zusammen, erschrecken und laufen davon. Der Biber faßt sich ein Herz und beginnt ängstlich zu singen, während er und der Metzger im Takt aufeinander zugehen. Ein Schild erscheint mit der Aufschrift: DIE SCHICKSALSSTUNDE.

BIBER

Hänsel und Knödel,
die gingen in den Wald.
Nach längerem Getrödel
rief Hänsel plötzlich: »Halt!«
Ein jeder kennt die Fabel,
des Schicksals dunklen Lauf:
Der Hänsel nahm die Gabel
und aß den Knödel auf.

METZGER

(faßt sich ein Herz, zaghaft)
Tut mir leid, lieber Biber,

ein andermal
will ich dich gerne schlachten.
Im Augenblick eilt es mir kolossal.
Wo ist mein Zylinder,
wo ist mein Schal?
Ist heute nicht Weihnachten?

BIBER
(zaghaft)
Metzger!

METZGER
Wenn uns das Schlarg erblickt?

BIBER
(etwas mutiger)
Metzger!

METZGER
Stell mich ihm vor,
wie sich's schickt!

BIBER
(drohend)
Metzger!

METZGER
(beginnt zu weinen)
Hu-hu-hu-hu-huuu-huuu!

BIBER
(sehr mutig)
Sei doch ein Mann!
Sei ein Metzger!
Das fordert dein Amt!
Höre auf, hier zu heulen und zu weinen!
Denn wenn uns ein Juckjuck begegnet, verdammt,
müssen all unsre Kraft wir vereinen.

METZGER
Sag mir, wie kam's,
daß der Büttel das Juckjuck nicht nannte?

BIBER

Das Schlarg kann ein Buhmalm sein,
doch das Buhmalm hat seinerseits Verwandte,
die müssen noch gräßlicher sein.

METZGER

(verzweifelt)
Ach nein! Ach nein!

Plötzlich und sehr erschreckend ein fürchterlicher, kreischender Ton. Biber und Metzger umklammern sich in Todesangst.

BIBER

O Gott, welch ein Schrei
riß den Himmel entzwei?

METZGER

Das bedeutet höchste Gefahr!

BIBER

Gefahr?

METZGER

Totenbleich bis zum Schwanz
bist du, Biberchen, ganz.

BIBER

Und dir, Metzger, steht aufrecht das Haar.

METZGER

Wie eiskalt ist dies Schwänzchen!
O erlaub, daß ich es wärme!

BEIDE

Wir gedenken der Kindheit,
so fern und voll Glück,
jener holden, unschuldigen Zeiten,
denn der Klang rief uns weh
ins Gedächtnis zurück,
wie auf Schiefer die Griffel oft gleiten.
(in seliger Erinnerung)
Oft gleiten...
oft gleiten.

BIBER

Dieses Juckjuck, o Metzger,
ist außer sich meist,
aufs höchste erregt und verwundert.
Seine Kleidung entspricht,
wie es außerdem heißt,
stets der Mode vom nächsten Jahrhundert.
Es erkennt jeden Freund, den es vormals gekannt,
doch kein Geld und kein Lobspruch besticht's,
für Wohltätigkeit zeigt es offene Hand:
es geht sammeln, doch selber gibt's nichts.

Nochmals der kreischende Klang, etwas weiter entfernt.

METZGER

Der Schrei eines Juckjuck!
Ich kann es beschwören.

BIBER

Verzeih, daß ich erst dich verlacht!

METZGER

Der Büttel tät sagen, könnt er es hören:
Zum ersten Mal sag ich's, gib acht!
Der Schrei eines Juckjuck! Zähl mit, denn ich weiß,
es macht zwei, wenn man eins zwei Mal nimmt.
Der Schrei eines Juckjuck! Das ist der Beweis,
falls der Spruch mit dem dritten Mal stimmt.

BIBER

Ach, Liebster, ich habe mit Sorgfalt gezählt
und eins mit eins malgenommen,
doch beim dritten Mal geht's nicht.
Ich weiß nicht, was fehlt.
Ich bin aus der Reihe gekommen.

METZGER

Und fühlst du, daß trotz aller Mühe und Qual
du irgendwie irre gegangen,
dann bleibt dir nichts übrig,
dann mußt du noch einmal
deine Rechnung von vorne anfangen.

BIBER

(verzweifelt, dramatisch)
Zwei und eins – zwei und eins –
falls das geht, wie du meinst,
dann nur mit Daumen und Fingern …
(schluchzend)
Ach wie gut war ich einst,
im Rechnen und all solchen Dingern!

METZGER

(mit überlegener Güte)
Die Sache wird gehn, lieber Biber, bestimmt!
Die Sache gelingt uns, ich weiß.

BIBER

Zwei und eins,
zwei und eins …

METZGER

Die Sache muß gehn,
wenn man Zeit nur sich nimmt,
dazu Tinte, Papier und Fleiß.

Der Biber baut aus Schiffsplanken, die er aus der Bordwand reißt, einen Tisch und breitet die leere Landkarte darauf aus. Der Metzger holt ein riesiges Faß herbei, auf dem TEER *steht. Er löscht die Buchstaben aus und schreibt* TINTE *darauf. Im Faß stecken zwei gewaltige Schreibfedern. Er nimmt je eine davon in jede Faust und beginnt beidhändig wild zu schreiben, während sich der Biber von hinten zärtlich an ihn schmiegt und ihm über die Schulter zuschaut. Das vorige Schild verschwindet, es senkt sich ein anderes herunter mit der Aufschrift:* DIE LEKTION.

METZGER

Nimm drei als die Zahl …

BIBER

(zärtlich)
Nimm drei!

METZGER

. . . um die's uns zu tun.

BIBER

(memorierend)
Nimm drei!

METZGER

Eine Zahl, die sich immer gut macht.

BIBER

Nimm drei!

METZGER

Füge siebzehn hinzu . . .

BIBER

Siebzehn.

METZGER

. . . und vervielfache nun . . .

BIBER

(aufmerksam)
Mit was?

METZGER

. . . mit eintausend weniger acht.

BIBER

(mitrechnend)
Mit eintausend weniger acht.

METZGER

Die Zahl, die herauskommt, die teilen wir jetzt
durch neunhundertneunzig plus zwei.
Ziehe siebzehn ab, es ergibt sich zuletzt
die zwingende Wahrheit dabei!
Drei!

BIBER

Drei!

BEIDE

D r e i!!!

Am Himmel steigt die rosige Morgendämmerung auf.

BIBER
Fahre fort in der nächtlichen Lehre, mein Lieber!

METZGER
Schon erhebt sich der Morgenschimmer.

BIBER
Du hast Tränen im Auge?

METZGER
Vor Freude, mein Biber!

BIBER
So sind wir nun Freunde?

METZGER
Für immer!

BIBER
Auch ich will bekennen…

METZGER
Mit zärtlichen Blicken
beredter als Tränen sogar…

BIBER
Du lehrtest mich mehr in zwei Augenblicken,
als Bücher in manch einem Jahr!

Das vorige Schild wird hochgezogen, statt dessen erscheint eines mit der Aufschrift: LIEBESGLÜCK. Sie umarmen sich zärtlich. Das Juckjuck schreit ein drittes Mal. Der Büttel, der inzwischen aufgewacht ist, tritt hinter sie, feierlich.

BÜTTEL
Ihr zwei Hand in Hand,
da die Liebe euch band!
Ein Wunder, ich seh es ergriffen!
Dies allein, muß ich sagen,
wiegt auf alle Plagen
auf tobenden Meeren zu schiffen.
(ganz gerührt)
Die Harfe bitte.

Die Harfenistin wird im Orchester langsam hochgefahren, sie begleitet das nun folgende Liebesduett, in das am Schluß auch der Büttel mit einstimmt.

BIBER UND METZGER

So innige Liebe, wie die von uns beiden,
ist selten und wird es stets sein:
Ob Winter, ob Sommer, im Glück und im Leiden,
nie treffe man einen allein.
Und bricht einmal Streit aus –
das kommt schon mal vor,
man streitet und weiß nicht den Grund –
klinge Juckjucks Gesang uns wieder im Ohr
und schweiße von neuem den Bund!

BÜTTEL

Er küßt sie,
sie küßt ihn,
ein Vogel sang
im Mastkorb drin.

Ein Vogel beginnt zu zwitschern. Inzwischen sind alle anderen Jagdteilnehmer erwacht und umrahmen nun malerisch die Gruppe der drei, die von der aufgehenden Sonne vergoldet wird. Die Brother-Sisters läuten mit ihren Glöckchen den altenglischen Sommerkanon. Plötzlich hört man leises Wimmern und Stöhnen.

BROTHER-SISTERS

(pianissimo)
Leise, leise!
(fortissimo)
Seid leise!
Was klang da so weh?
Woher kommt dies Wimmern und Klagen?

Alle suchen herum, gehen dem Ton nach und finden einen Lehnsessel, der mit dem Rücken nach vorn steht. Sie drehen ihn um, darin sitzt der Bankier im Frack mit Ordensband. Sein Gesicht ist schwarz, seine Weste – im Gegensatz zu vorher – weiß.

BÜTTEL

Dies ist das Ende von unserm Bankier,
darum läute ich ernst und getragen.
(er imitiert ein Totenglöckchen)

Das vorige Schild verschwindet, und es erscheint ein anderes mit der Aufschrift: DES BANKIERS RUIN.

BROTHER-SISTERS

(tragen den Sessel langsam im Rhythmus des Trauermarsches nach vorne)
Er ist schwarz im Gesicht.
Wir erkennen fast nicht
den vom Schrecken verfärbten Bankier.
Doch ein Wunder allein
kann wohl dieses nur sein:
Seine Weste ist so weiß wie der Schnee!

BANKIER

Ich war von ganz plötzlicher Kühnheit entbrannt
und entschlossen, das Schlarg zu erbeuten.
Darum bin ich des Nachts über Deck gerannt
ganz allein zwischen schlafenden Leuten.
Und während ich suchte mit Güte und Gabel,
schoß ein Bullerschnapp nieder auf mich.
Es hackte nach mir mit dem schrecklichen Schnabel.
Vergebens verhandelte ich:
mit dem Bullerschnapp,
dem Bullerschnapp.
Ich bot ihm Diskont an, sodann jede Menge
von Pfandbriefen, Aktien, Effekten,
dem Bullerschnapp,
dem Bullerschnapp.
Das Bullerschnapp zog nur den Hals in die Länge
und hackte nach mir, dem Erschreckten.
(er zieht aus allen Taschen Börsenpapiere und Geld hervor und wirft sie in die Luft)
Ohne Rast, ohne Ruh,
während knurgelnd dazu

jenes giere Gebiß um mich schnappte,
entsprang und entschlüpfte ich,
tanzte und hüpfte ich,
bis ich endlich zusammenklappte!
(er erhebt sich wankend)

BROTHER-SISTERS
Nein, das ist zuviel! Zum Entsetzen von allen
steht er vor uns im Festtagsgewand,
und mit irren Grimassen beginnt er zu lallen,
weil die Zunge nicht Worte mehr fand.

BANKIER
Alla Halla Badalla Petrol,
Akzie Kackzie Schmackzie Kohl,
Dividivende Verschwände Horrende,
Dollar hat Koller und fällt immer toller,
Lilililira schmiera dir aus,
Schilling Zwilling zu billing und baus,
Sousousousou schmuschmuschmuschmu,
Franken sie wanken und kranken und kraus,
Rubel Gestrubel – da wird mir ganz ubel,
Yen Geflenn und renn wer kenn,
Shekel oh Ekel und Menetekel,
Pfunde von Stunde zu Stunde Verschwunde,
Kronen, sie lohnen nicht mal die Bohnen,
Gulden nur Schulden, der Peso ist eh so,
Dinare – bewahre! Ich rauf mir die Haare!
Gelduntergang! Weltuntergang!
Mark und arg und Quark und Schlarg!
(er bricht zusammen)

BÜTTEL
(erschüttert)
Da ist alles zu spät.
Laßt es gehn, wie es geht!
Wenn die Bühnenbeleuchtung erlischt
und wir weiter so trödeln
mit Flaxen und Blödeln,
ist das Schlarg uns für immer erwischt!

ALLE

(demolieren weiter das Schiff)
Jage das Schlarg mit kleinen Terzen,
mit Gabel und Hoffnung,
mit Seife und Scherzen!
Jage das Schlarg!
Jage das Schlarg mit Güte und Fingerhüten!
Bedrohe das Schlarg mit Koloraturen,
mit Zwölfachteltakten, mit Kuckucksuhren!
Jage das Schlarg! Bedrohe das Schlarg!
und lock es mit Lächeln in Tüten!

Die Zwillinge Dodgson und Carroll treten hastig auf.

DODGSON UND CARROLL

Verzeihen Sie, Ladies and Gentlemen, es tut mir leid, daß ich Sie habe warten lassen, aber die Sache ist schwieriger, als ich annahm. Mein Rechtsanwalt will den Fall nicht übernehmen, solange er nicht weiß für welche Hälfte, ihn oder mich. Wir müssen uns also zuerst einigen, wer von uns beiden ...

BÜTTEL

(brüllt)
Oh nein! Nicht schon wieder!

Der Büttel läutet Alarm. Die ganze Mannschaft will sich auf die Zwillinge stürzen, aber Carroll öffnet seinen Musikkoffer. Alle müssen tanzen. Danach werden die Zwillinge überwältigt, an den Mastbaum gefesselt und geknebelt. Großes Geschrei. Der Büttel läutet abermals.
Das vorige Schild verschwindet, statt dessen erscheint eines mit der Aufschrift: DER PROZESS.

RECHTSANWALT

Einen Rechtsanwalt haben Sie nötig?
(Carroll und Dodgson nicken)
Ich bin dazu gerne erbötig.
Was soll nun geschehen?

Juristisch gesehen
muß ein ordentliches Verfahren
beweisen, was zu beweisen ist,
um die Legalität zu bewahren.
Darum schlage ich vor, am Ort und sogleich
den Prozeß zu zelebrieren.
Ich übernehm die Verteidigung
sowie auch die Vereidigung
und werde zugleich die Anklage führen.
(er zeigt auf die Brother-Sisters)
Ihr seid die Schöffen.

Die Brother-Sisters setzen sich an einen Tisch und nehmen Schiefertafeln in die Hand, auf denen sie während des ganzen Prozesses schreiben und das Geschriebene sofort wieder auslöschen.

RECHTSANWALT

Ihr streitet erheblich
schon lang, eh ihr wißt, worüber.
Und jeder belehrt den andern vergeblich,
denn der hört sich selber viel lieber.

BROTHER-SISTERS

(jeder steht nur bei dem Satz auf, den er zu sprechen hat)
Ich hab recht!
Das ist so!
Das ist schlecht!
Aber wo!
Das ist fair!
Ach woher!

ALLE

Das muß sein!
Nein!

RECHTSANWALT

(nickt zufrieden und fährt in seinem Monolog fort, er zeigt auf Biber und Metzger, die aufstehen, aber in ihrer Liebesumarmung bleiben)

Die Zeugen sind unser Liebespaar.
Ihr bezeugt, daß ohne Frage
alles so ist, wie ich sage...
(Biber und Metzger küssen sich)
darum braucht ihr gar nicht zuzuhören!

BIBER/METZGER
(in Schlarg-Terzen)
Wir können alles beschwören!
(sie setzen sich wieder und versinken in ihre Umarmung)

RECHTSANWALT
(zeigt auf den Büttel)
Ein Büttel bleibt immer ein Büttel
und läutet mit wildem Geschüttel.

BÜTTEL
(läutet begeistert und nimmt am Tisch Platz)

BROTHER-SISTERS
Ich hab recht!
Das ist so!
Das ist schlecht!
Aber wo!
Das ist fair!
Ach woher!

ALLE
Das muß sein!
Nein!

RECHTSANWALT
(führt den Bankier zu seinem Lehnsessel)
Der Richter sitzt an erhabenem Orte.

BANKIER
Burmel du murmel arber rabarber

RECHTSANWALT
Und denkt an lange vergangene Tage.

BANKIER
abra makabra krümel und kraus

RECHTSANWALT
Er erläutert durch Murmeln undeutlicher Worte

BANKIER
hinsichtlich rücksichtlich absichtlich unsittlich

RECHTSANWALT
bisweilen die rechtliche Lage.

BANKIER
bla bla bla bla bla
und du bist raus.

BÄCKER
Und ich?

RECHTSANWALT
Ach herrjeh!
Humsti-Bumsti – o weh!
Für dich ist kein Platz mehr geblieben.
Du bist nicht vonnöten,
geh baden, geh flöten!
Geh nach Hause! Ganz nach Belieben!

BÄCKER
(schluchzend)
Vergessen! Vergessen haben sie mich,
da ich selber mich gänzlich vergaß.
O mein Geschick, wie ertrage ich
dieses tragische Übermaß!
(er geht traurig davon, alle blicken ihm nach)

RECHTSANWALT
Mister Carrolls Tat
gilt im Fall von Verrat
nur als Beihilfe, Anstiftung nicht!
(die Schöffen schreiben)
Da auch Fahnenflucht fehlt
in der Anklageschrift,
ist ein Schuldspruch zurückzuweisen,
sofern er Mister Dodgson betrifft,
denn sein Alibi scheint mir von Eisen.

BROTHER-SISTERS
Ich hab recht!
Das ist so!
Das ist schlecht!
Aber wo!
Das ist fair!
Ach woher!
Das muß sein!
Nein!

BIBER/METZGER
(in inniger Umarmung)
Wir können alles beschwören!
(küssen sich)

RECHTSANWALT
(mit großer Gebärde zu den Schöffen)
Euer Votum entscheidet der beiden Geschick
– darum sollt ihr nicht lieben, nicht hassen.
(mit einer Verbeugung vor dem Bankier)
Der Herr Richter wird nun mit kundigem Blick
den Casus zusammenfassen.

BANKIER
(ist nicht mehr fähig zu sprechen, der Posaunen-Clown setzt seinen Gesang mit einem Instrumentalsolo fort)
Knuddel geschmuddel Tinte und Teer

RECHTSANWALT
(entrollt ein ellenlanges Pergament)
Auch das hab ich längst übernommen!
Ich bin dabei auf sehr viel mehr,
als die Zeugen sagten, gekommen!

BROTHER-SISTERS
Ich hab recht!
Das ist so!
Das ist schlecht!
Aber wo!
Das ist fair!

Ach woher!
Das muß sein!
Nein!

BÜTTEL
(läutet energisch)
(gesprochen) Haben die Schöffen ein vierstimmiges Urteil gefällt?

BROTHER-SISTERS
Ja!
Wir fällten es zwar, doch wir plagen uns halt,
das Wörtchen zu buchstabieren,
darum bitten wir den Herrn Rechtsanwalt,
auch dieses für uns auszuführen.

RECHTSANWALT
Also sprech ich auch noch das Urteil, obwohl
ich schon völlig erschöpft bin vom Streß.
Das Wörtchen heißt:

Carrolls Musikkoffer klappt auf, die englische Nationalhymne erklingt. Alle springen auf und stehen erstarrt. Nachdem die Musik zu Ende ist, schließt der Rechtsanwalt den Koffer.

RECHTSANWALT
(schreiend) Schuldig!

BROTHER-SISTERS
Das war es, jawohl!
Ach was für ein schöner Prozeß!
Alle setzen sich wieder.

RECHTSANWALT
Nun verhänge ich auch noch die Strafen zuletzt,
denn der Richter scheint völlig verstört.

BÜTTEL
(läutet)
Ich bitte um völliges Stillschweigen jetzt!
Man erhebe sich, wie sich's gehört.

Alle stehen wieder auf. Trommelwirbel, lange Stille.

RECHTSANWALT

Lebenslange Verbannung für den Täter
und hundert Pfund Strafe – zahlbar später.

Alle setzen sich wieder.

BANKIER

Backe backe Strafen
aus Sand und Paragraphen.
Fertig ist das Schwurgericht,
Büttel, tun Sie Ihre Pflicht.

BÜTTEL

(schüttelt den Kopf)
Das Urteil ist nicht zu vollstrecken!
(alle stehen wieder auf)
Auch der unschuldige Teil würde es erleiden,
welcher auch immer es ist von den beiden.
Damit darf sich das Recht nicht beflecken!

Ein wildes Durcheinander bricht los, alles schreit und rennt herum. Die siamesischen Zwillinge werden befreit und kommen nach vorn, wobei Carroll seinen Koffer öffnet. Alle tanzen zur Koffermusik um die beiden. Carroll schließt den Koffer wieder. Stille.

CARROLL

(beunruhigt) Wir sollten jetzt vielleicht besser verduften, Dodgson, ehe unser eigenes Werk uns verschlingt.

DODGSON

Nein, Carroll, nach allem, was geschehen ist, bestehe ich darauf zu erfahren, ob diese Leute hier das Schlarg noch finden oder nicht.

CARROLL

Wie denn? Das fragen Sie? Aber Sie behaupten doch, diese ganze Geschichte erfunden zu haben.

DODGSON

Nein, das waren Sie, Carroll.

CARROLL
Irrtum! Sie waren's.

DODGSON
Nein, Sie!

CARROLL
Ich war's nicht.

DODGSON
Ich erst recht nicht.

CARROLL
Hören Sie, Dodgson, wenn Sie behaupten, ich sei der Autor, und ich behaupte, Sie seien es, dann sind wir uns doch zum ersten Mal völlig einig!

DODGSON
In der Tat, Carroll – völlig einig

Carroll und Dodgson schütteln sich herzlich die Hände. Der Bäcker erscheint plötzlich im Schornstein, von goldenem Licht umstrahlt, und singt den Erzherzog-Johann-Jodler. Zugleich verschwindet das vorige Schild, es erscheint ein neues mit der Schrift: DES BÄCKERS TRIUMPH.

BÜTTEL
Da jodelt doch einer!

BÄCKER
Havaridiridijo!

BÜTTEL
»Humsti-Bumsti« – der Tropf!

BIBER
Sein Geschrei geht durch Bein mir und Mark

METZGER
Seht, er winkt mit der Hand...

BIBER
...und er nickt mit dem Kopf!

Bäcker jodelt weiter.

RECHTSANWALT

Ohne Zweifel, er fand es – das Schlarg!

Ein blendender Blitz, der Bäcker ist verduftet. Der Schornstein stößt eine einem rosa Hochzeitskuchen gleiche Wolke aus.

BÜTTEL

Was tat er? Was war das?

RECHTSANWALT

Er sprang wie von Krämpfen gepufft
hinaus in die Luft!

STIMME DES BÄCKERS

Ja, das Schlarg ist ein Schlarg!
(man hört ein orgiastisches Gelächter des Bäckers in der Ferne verhallend)
... ist ein Buuuuuuuuh ...
(Stille)

BIBER

Es klang fast wie ... malm!

RECHTSANWALT

Nein, so klang es nicht.

BÜTTEL

Sucht ihn!

Alle beginnen fieberhaft zu suchen, dabei nehmen sie die letzten Reste des Schiffes ganz auseinander. Das Wasser steigt zugleich immer höher.

BROTHER-SISTERS

Wir suchen und suchen,
und dennoch, wir finden
keinen Knopf, nicht geschlossen, noch offen,
woraus wir ersehn,
daß am Orte wir stehn,
wo das Schlarg auf den Bäcker getroffen.

ALLE

In der Mitte des Worts, dessen Sinn er gefunden,
auf dem Gipfel von Glück und Gefahr,
ist er binnen Sekunden
und lautlos verschwunden,
so wie sein Schicksal es war.

BROTHER-SISTERS

Wir suchen und suchen,
und dennoch, wir finden
keinen Knopf, nicht geschlossen, noch offen,
woraus wir ersehn,
daß am Orte wir stehn,
wo das Schlarg auf den Bäcker getroffen.

DODGSON

(dessen Verstand inzwischen nachgegeben hat, fragt wie ein Kind)
Hat der Bäcker das Schlarg denn wirklich
gefunden?

CARROLL

Er fand, was er hoffte und fürchtete, sehn Sie?

DODGSON

Nur – wieso ist er plötzlich so völlig
verschwunden?

CARROLL

Das Schlarg war eben ein Buhmalm, verstehn Sie?

Das Wasser steigt allen über den Kopf. Wir sinken mit dem ganzen Theater auf den Meeresgrund. In einem Boot kommen die drei Mädchen angerudert. Sie steigen auf das Schiff und trennen Mr. Dodgson und Mr. Carroll mit einer riesengroßen Schere auseinander – Geräusch einer auseinanderfallenden Ziehharmonika. Die Mädchen holen Carroll zu sich ins Boot, das langsam davongleitet. Dodgson bleibt mit einer hilflosen Geste zurück. Alle geben sich überkreuz die Hände, wie es in England zu feierlichen Gelegenheiten üblich ist. Anstelle des vorigen Schilds erscheint ein neues mit der Aufschrift:

MIT MANN & MAUS

Man hört keinen Text mehr, sondern nur noch das Blubbern aufsteigender Luftblasen, die aus den auf- und zugehenden Mündern der Sänger steigen. Während des Nachspiels erscheint statt des vorigen ein Schild mit der Aufschrift:

HILLER

&

Darüber schiebt sich ein letztes mit der Aufschrift:

ENDE

Nachwort zum Nachwort des Nachdichters und zum Vorwort des Komponisten

Der Verfasser des Vorwortes zum Vorwort des Dichters hat bei Gelegenheit der Korrektur der Druckfahnen nun doch den Text des Buches gelesen und legt Wert auf die Feststellung, daß alles, was er im Vor-Vorwort über das Schlarg gesagt hat, nicht stimmt. Die Jagd nach dem Schlarg ist weder die Jagd nach dem Glück noch die Jagd nach irgend etwas anderem. (Lieber Wilfried Hiller: Sicher, was man dreimal sagt, ist wahr – *aber*: wenn man es viermal sagt, wird es wieder Lüge!) Die Jagd nach dem Schlarg ist das, *worauf Godot wartet!* Daß da vor mir niemand draufgekommen ist?*

Herbert Rosendorfer

*) Darf ich mir den dezenten Hinweis auf die feinsinnige Symbolik erlauben, die darin zu sehen ist, daß dieses Buch mit einem Fragezeichen endet?

Anmerkungen zur Übersetzung einiger Nonsens-Wörter ins Deutsche von Michael Ende

SCHLARG
Da das englische Originalwort *SNARK* vermutlich ein Schachtelwort aus *SNAIL* und *SHARK* ist, in das auch noch eine *SNAKE* hineingekrochen ist, habe ich das deutsche Wort *SCHLANGE* und *ARG* nachgebildet. Außerdem erweckt es Assoziationen an *SCHLAGEN, QUARK, SCHLEIM, SCHLACHTEN* u. a. m.

KRETINATA
Das Originalwort *AGONY* klingt im Englischen anders als im Deutschen. Unser *AGONIE* hat einen eindeutig medizinischen Sinn von Todeskampf und würde im Zusammenhang dieses Gedichts nicht erheiternd, sondern eher leicht zynisch klingen. Im Englischen hat das Wort einen sehr viel allgemeineren Sinn (»woeful agony« in Coleridges *Ancient Mariner*) und deshalb bei Carroll einen parodistischen Unterton. Das Wort *KRETINATA* in der deutschen Version rechtfertige ich so: Auf der Illustration zu »fit the seventh« *(The banker's fate)* ist zu Füßen des Bankiers, der mit schwarzem Gesicht die Knochen-Kastagnetten schlägt, ein Notenblatt zu sehen, auf welchem steht: »con imbicillità«. Ich nehme nun an, daß dieses musikalische Werk eben *The Hunting of the Snark* selbst ist, welches der Bankier in »Koller«-atur singt und welches seiner Form nach eine *KRETINATA* ist. Dem Einwand, daß das Vorhandensein des Epos in sich selbst ein Paradoxon ergäbe, begegne ich mit dem Hinweis auf jene Stelle aus *Tausend und eine Nacht,* wo plötzlich die Erzählung von *Tausend und eine Nacht* zum Gegenstand der Erzählung wird und das Buch in äußerste Gefahr gerät, ad infinitum zu seinem eigenen Ausgangspunkt zurückkehren zu müssen wie der berühmte Hund, der in die Küche kam und dem Koch ein Ei

stahl. Solche Drehwürmer züchtete Lewis Carroll in seinem poetischen Laboratorium nicht wenige.

KRAMPF
Dies scheint mir die einzig mögliche Übersetzung von *FIT*. Wenn auch die englische Doppelbedeutung von *ABSCHNITT* und *ANFALL* nicht nachzuahmen ist, so hat das deutsche Wort doch die Doppelbedeutung von *BLÖDSINN* und *KONVULSION*.

BOY
Für das Carrollsche Wortspiel mit *BOOTS*, das zugleich Hotelboy oder Schuhe bedeuten kann, gibt es kein deutsches Äquivalent. Ich habe mich deshalb für *BOY* entschieden, ein Wort, das auch bei uns bekannt ist.

BADEKABINEN
Das englische *BATHING-MACHINES*, also eigentlich *BADEKARREN*, habe ich kühnlich modernisiert, um der Sache eine gewisse Aktualität zu verleihen. Außerdem paßte es so besser in den Reim.

BUHMALM
Das englische *BOOJUM* erweckt Assoziationen an *BOO*! und *BOOGIEMAN* = *OLD BOGY* (with a long »o«) = *DEVIL, EVIL GOBLIN*. Im Deutschen haben wir das Wort *BUHMANN* als Kinderschreck. Die Silbe »*MALM*« erhöht die Bedrohlichkeit wegen des Anklangs an *MALMEN, ZERMALMEN* und bleibt doch nahe genug an *BUHMANN*, um die Assoziation zu erhalten.

IN NEANDERTALERSCHEN TÖNEN
Im Englischen *ANTIDELUVIAN TONE*. Man könnte natürlich auch im Deutschen sagen *IN VORSINTFLUTLICHEN TÖNEN*, aber irgenwie finde ich, daß im Deutschen *IN NEANDERTALERSCHEN TÖNEN* überzeugender klingt.

BROTZ
Im Englischen *UFFISH* (gebildet aus *GRUFFISH, ROUGHISH* und *HUFFISH* – nach Carrolls eigener Auskunft). Im Deutschen gebildet aus *BARSCH, GROB, ROH, RAUH, TROTZ*. Zur Auswahl standen folgende Wörter: *BROTZ, MÜRZ, GROTZ, BATZ*, vielleicht noch *GRÄTZ* und *BLÜFF*. Für *BROTZ* habe ich mich entschieden wegen der Alliteration: *BÜTTEL – BROTZ – BRAUEN*.

ICH KENNE NUN KEINE PARTEIEN MEHR
Im Englischen *FOR ENGLAND EXPECTS*... Diese Phrase Nelsons ist zwar auch bei uns durchaus bekannt, aber eben nur in England anwendbar. Da ich den Bäcker aber kurz zuvor ausdrücklich habe sagen lassen: »Ihr versteht ja wohl Deutsch nur allein«, mußte ich eine entsprechende deutsche Phrase nehmen. Und mir scheint, daß die unseres Kaisers bei Ausbruch des ersten Weltkrieges jener nelsonschen an Tiefe nicht nachsteht.

GESCHWAFEL
Im Englischen *STUFF*, also durchaus ein etwas unfeiner Ausdruck.

JUCKJUCK
Im Englischen *JUBJUB*. Ein direktes Übernehmen dieses Namens gibt im Deutschen nicht viel her, während *JUCKJUCK* erstens, wie das englische Wort für englische Ohren, an einen Vogel erinnert und obendrein noch mit JUCKEN zusammenhängt und drittens im Genitiv wie JUX klingt.

SIE JAGTEN'S MIT GABELN UND HOFFNUNG ZUMAL
Es ist unmöglich, diesen Refrain in seinem geheimnisvoll-unsinnigen Tonfall zu verdeutschen. Ich habe versucht, wenigstens alle sachlichen Bestandteile in meiner Strophe unterzubringen. Außer der *SEIFE* ist es mir auch gelungen. Für diese habe ich eben das *LÄCHELN* in *TÜTEN* gepackt. Hätte ich die *SEIFE* retten wollen, so hätte

ich auf die *GÜTE* oder die *FINGERHÜTE* verzichten müssen. Und von allen Ingredenzien schien mir die *SEIFE* am leichtesten zu entbehren.

KEUCHHUSTÖHNOSS
Im Englischen *OUTGRABE*. Nach Humpty Dumptys Erklärung »something between bellowing and whistling, with a kind of sneeze in the middle...« Im Deutschen also gebildet aus *KEUCHEN, HUSTEN, STÖHNEN* und *NIESEN*.

STUSS
Im Englischen *FUDGE*. Das deutsche Wort ist zwar kein ausgesprochenes Seemannswort (wie zufolge gewissen Kommentatoren das englische zu Carrolls Zeiten), doch ist es immerhin ausreichend vulgär, wenn auch mehr aus der Pennälersprache.

BULLERSCHNAPP
Im Englischen *BENDERSNATCH*, vielleicht gebildet aus *BANDOG* (böser Wachhund) und *SNATCHING*. Im Deutschen also *BULLENBEISSER* und *SCHNAPPEN*.

KNURGELND
Englisch *FRUMIOUS*. Siehe Carrolls Erklärung im Vorwort.

VERFLIXTER NICK
Im Original *DESPARATE WAG*. Da das Nicken des Bäkkers mehrmals erwähnt wird, schien es mir erlaubt, es hier noch einmal anklingen zu lassen.

Im übrigen sei der geneigte Leser, den es zu vertiefteren Studien drängt, auf das Büchlein *The Annotated Snark*, herausgegeben von Martin Gardner, bei Penguin Books verwiesen.